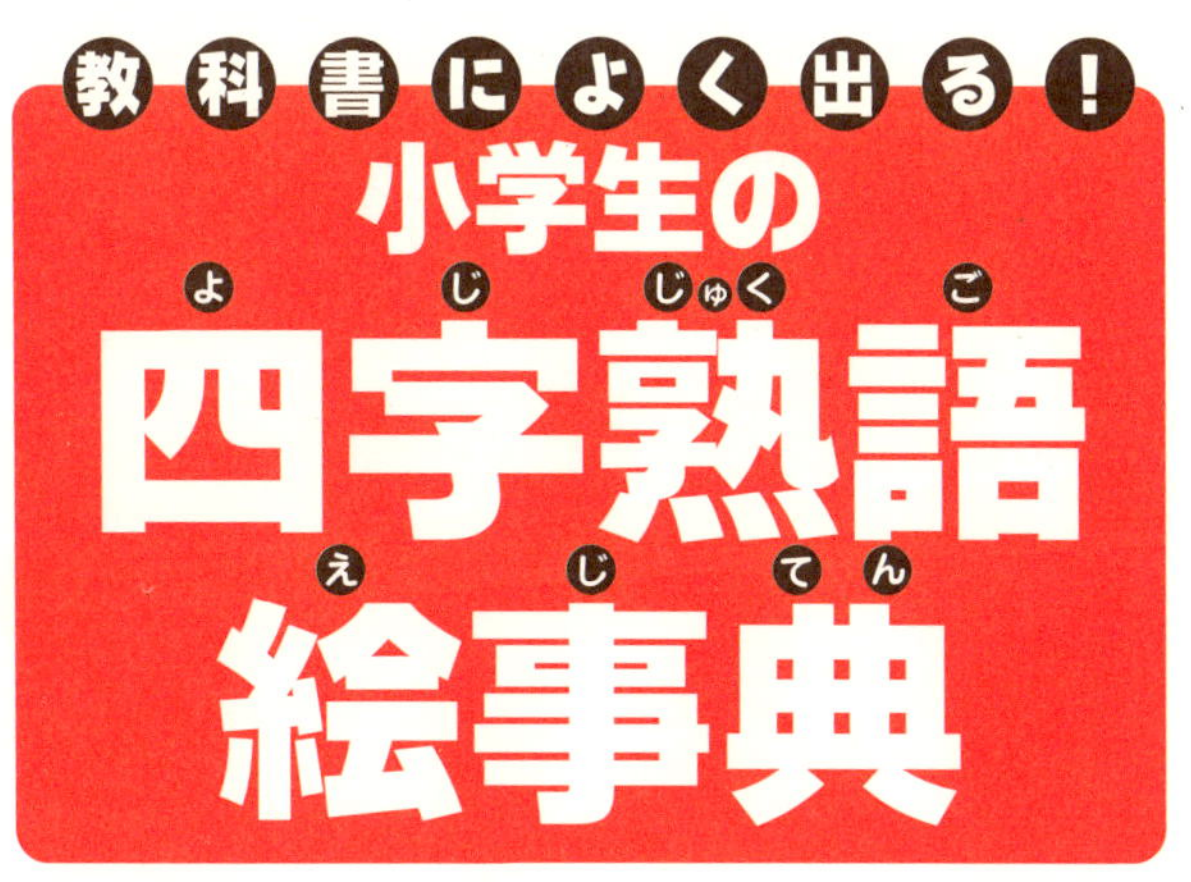

PHP

はじめに

四字熟語は、たったひとことで、ものごとの深い意味を表す便利な言葉で、昔から大切に言い伝えられてきました。

だれかと心が通じ合っていることを、「以心伝心」と言います。一度意味を知ってしまえば、なんだ、そんな簡単なことか、と思いますが、「いしんでんしん」と耳で聞いただけでは、初めはさっぱり意味がわかりません。

ところが、漢字の意味と、熟語の成り立ちを知ると、たちまちおもしろくなってくるのが四字熟語なのです。

この本は、教科書に出てくるものを中心に、二五四の四字熟語をのせました。絵やまんがから、意味や使い方を楽しく知ることができます。また、例文、似た意味・反対の意味の四字熟語、四字熟語に関する豆知識を、くわしく、わかりやすく示しました。自由研究や中学入試にも、心強い味方になってくれます。

四字熟語を楽しんでいるうちに、いつの間にか、言葉と漢字に強くなっている自分に気づくことでしょう。

この本の使い方

見出し語

小学生に知ってほしい四字熟語です。難しい漢字もふくまれていますが、日常よく耳にするものを選びました。読んで意味を知ったら、いろいろな場面で使ってみましょう。★印は小学校で習う漢字だけでできている四字熟語なので、ぜひ書いて覚えましょう。

意味

四字熟語の意味を説明しています。

使い方

四字熟語を使った例文をとりあげています。

類 見出し語と似た意味の四字熟語。

反 見出し語と反対の意味の四字熟語。

参考 見出し語と意味に関連がある、同じ漢字を使っているなど、参考になる四字熟語。

豆ちしき

四字熟語の成り立ちやいわれなどの、くわしい解説をしています。

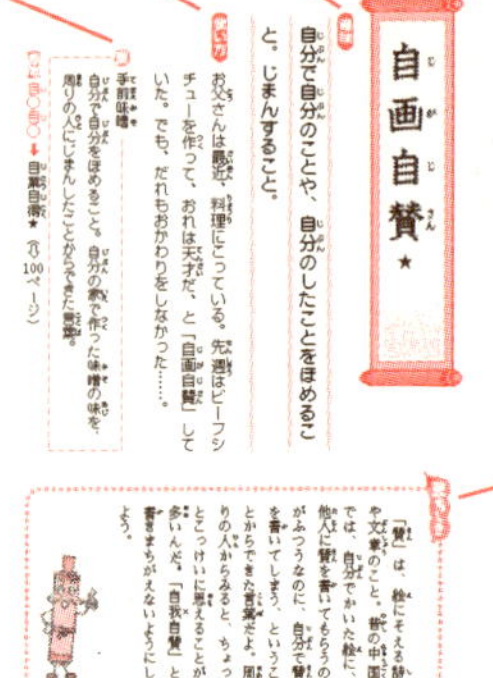

自画自賛★

自分で自分のことや、自分のしたことをほめること。じまんすること。

お父さんは最近、料理にこっている。先週はビーフシチューを作って、おれは天才だ、と「自画自賛」していた。でも、だれもおかわりをしなかった……。

手前味噌　自分で自分をほめること。自分の家で作った味噌の味を、周りの人にじまんしたことからできた言葉。

「賛」は、絵にそえる詩や文章のこと。昔の中国では、自分でかいた絵に、他人に賛を書いてもらうのがふつうなのに、自分で賛を書いてしまう、ということからできた言葉だよ。周りの人からみると、ちょっとこっけいに思えることが多いんだ。「自我自賛」と書きまちがえないようにしよう。

48

もくじ

★印は小学校で習う漢字だけでできた四字熟語。

だまっていても、以心伝心

みんないろいろ、十人十色

はらはらどきどき、一進一退

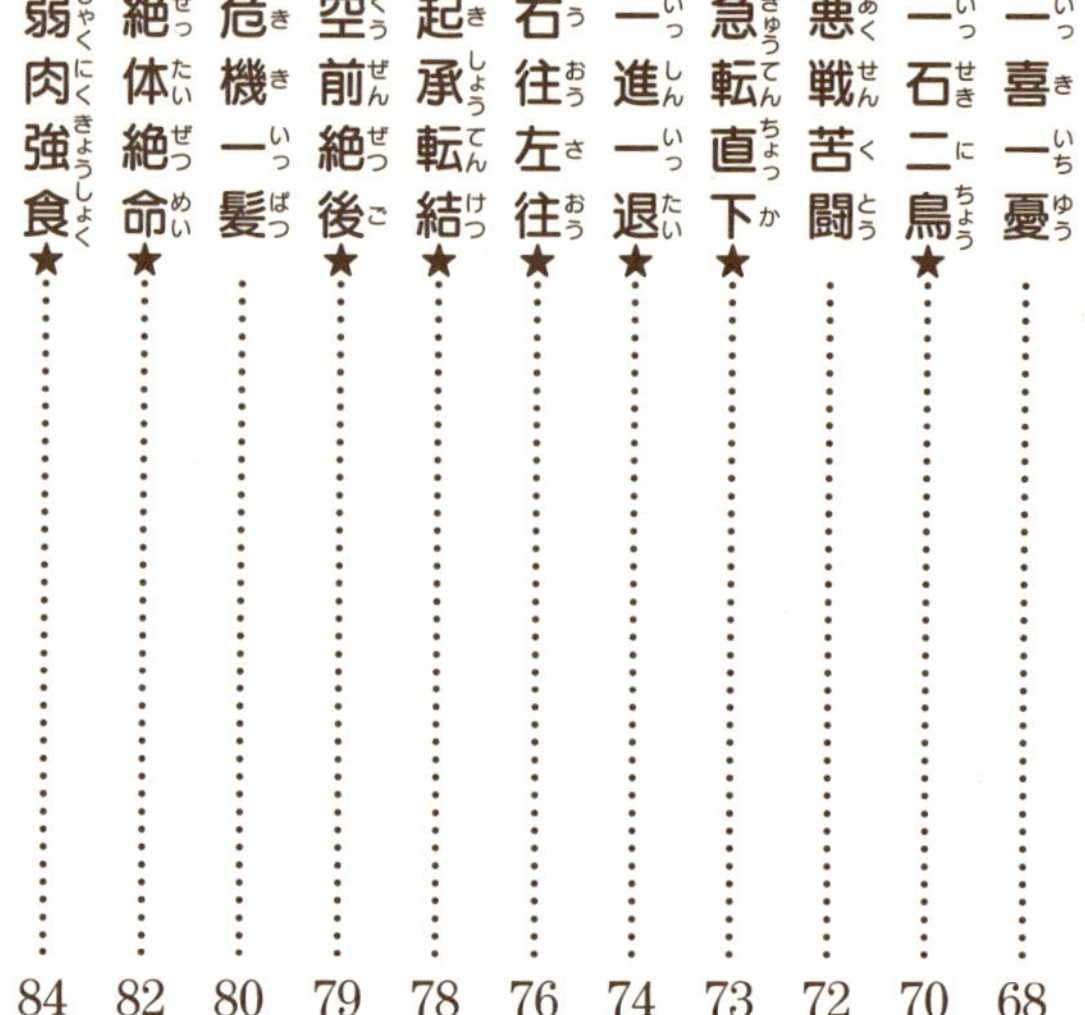

自然を感じる、春夏秋冬

あしたから、心機一転

だまっていても、以心伝心

心の中で思ったことは、言葉にしなくても、態度でわかってしまいがち。また、はっきりと口に出して言わなければならないときもあるよね。気持ちを表すときに使う四字熟語を集めてみたよ。

以心伝心★

意味

口に出して言わなくても、思っていることや考えていることが、相手に通じること。

使い方

お父さんが、誕生日にサッカーボールを買ってくれた。ぼくが欲しかったこと、どうしてわかったんだろう。きっと「以心伝心」で気持ちが通じたにちがいない。

参考 **一心同体★**

二人、または多くの人が、一つの心を持っているかのように行動すること。心の結びつきが強い様子を表す言葉。「一身同体」と書きまちがえないようにする。

豆ちしき

もともとは、仏教で使われていた言葉だよ。えらいお坊さんが、文字や言葉では表しきれない大切な教えを弟子に伝えるとき、心から心へ伝えたことからできた言葉なんだ。「心を以て心に伝う」と、文にして言い表すこともあるよ。「意心伝心」と書きまちがえないようにしよう。

ぼくとお母さんには、通じ合うものがある。

異口同音★

意味

多くの人が口をそろえて、同じことを言うこと。また、みんなの意見が合うこと。

使い方

学芸会の出しものを何にするかで、合唱と劇に意見が分かれた。そこで、ミュージカルをしよう、と提案したら、みんなが「異口同音」に、そうしよう、と賛成してくれた。

参考 **満場一致**

その場にいる全員の意見が一致すること。「満場一致」で決まった、などと使う。

豆ちしき

「異口」は、別の人の口、「同音」は、同じ音という意味だよ。つまり、話す人はちがっても、言うことは同じ、という意味なんだ。「異句同音」と書きまちがえないようにしよう。異なるたくさんの口が同じことを言う、と覚えておけば、まちがえないよね。「異口同声★」とも言うよ。

あした、つりに行こうよ。
野球がいい。
サッカー。
カブト虫探そうよ。
翌日
やっぱりプール!!
プール。
賛成!!暑いもん!!
プールがいいよ。
めずらしく、みんなの意見がそろった……。

意気投合★

意味 おたがいの気持ちや考えなどが、ぴったりと合うこと。また、気が合うこと。

使い方 いとこが、家に遊びに来た。長く会っていなかったので、最初は、何を話せばいいかわからなかった。でも、サッカーの話題が出たとたんに「意気投合」し、話がはずんだ。

参考 **意気〇〇 ⬇ 意気消沈／意気揚揚**
「意気消沈」は、元気をなくしてしょんぼりする様子。
「意気揚揚」は、元気いっぱいで得意な様子。

スポーツ大好き、意気投合！

豆ちしき 二人、またはそれ以上の人の気持ちが、よく通じ合うときに使う言葉だよ。「投合」は、ぴったり合うという意味なんだ。「意気統合」と書きまちがえないようにしよう。

一言半句★

意味 ほんのわずかな言葉。ちょっとした言葉。ほんのひとこと。

使い方 大好きな映画スターが、テレビのトーク番組に出演した。話していることを「一言半句」も聞きのがさないように、わたしはテレビにかじりついた。

反 千言万語★
ひじょうにたくさんの言葉。また、たくさんの言葉を使って話すこと。

「いちげんはんく」とも読むよ。「一言」はひとこと、「半句」はひとことにも満たないわずかな言葉のことなんだ。ほかに「一」と「半」を組み合わせた言葉には、「一知半解★（少し知っているだけで十分に理解していない）」などがあるよ。

一言半句も聞きもらさない…。

喜怒哀楽

意味

喜び、怒り、悲しみ、楽しみ。人間が持っているさまざまな感情のこと。

使い方

お母さんは「喜怒哀楽」がすぐに顔に出るので、今どんな気持ちなのか、よくわかる。今日は、ちょっときげんが悪そうだ。たのみごとは、あしたにしよう。

参考 **悲喜交交★**

悲しみと喜びが入り交じった気持ち。また、悲しみと喜びを、かわるがわる味わうこと。

参考 **一喜一憂**（⇩68ページ）

豆ちしき

だれでも、感情がつい表に出てしまうことがあるよね。でも、人前でしょっちゅう怒ったり泣いたりしていたら、周りの人は困ってしまう。だから感情をあまり表に出しすぎないことも大切だよ。ほかにも四つの異なる意味を組み合わせた四字熟語には、「老若男女★」（⇩63ページ）、「起承転結★」（⇩78ページ）、「花鳥風月★」（⇩104ページ）、「春夏秋冬★」（⇩112ページ）などがあるよ。

顔を見れば、テストの結果がよくわかる……。

公明正大★

意味 かたよった考えがなく、正しくものごとを行うこと。不正がなく、公平で堂々としている様子。

使い方 ぼくのおじいちゃんは、昔、市会議員になったことがあるそうだ。「公明正大」な態度で人に接していたから、周りから信らいされていたんだろう。

類 **公平無私★**
だれに対しても公平で、個人の感情に行動を左右されないこと。

豆ちしき
「公明」は、かくしごとがなく明白なこと、「正大」は、正しく堂々としていることだよ。自分だけの考えや利益にとらわれずに、公平にものごとを行うことだね。みんなをとりまとめるリーダーは、こうあるべきだよね。政治や選挙の場で、よく使われる言葉なんだ。

けんかのちゅうさいは、ありさちゃんに限(かぎ)る。いつも公平(こうへい)で正(ただ)しくて、……強(つよ)い。

一挙一動★

意味
一つ一つの動作や行動。また、ちょっとした動作やふるまいのこと。

使い方
プロ野球の選手を招いて、ぼくたちの学校で、野球教室が開かれた。選手の「一挙一動」に、みんなが注目した。

参考 一言一行★
一つの言葉と一つの行動のこと。ちょっとした言葉とちょっとした行いのこと。

一挙一動、注目の的。

豆ちしき
「一挙」は、一つの行動、「一動」は、一つの動きを表しているよ。ちょっと手を上げたり、体を動かしたりといった、細かい動きのことを指しているんだ。「一挙手一投足」とも言うよ。

言語道断★

意味 言葉で表せないほど、あまりにひどいこと。もってのほかだということ。

使い方 人から借りたノートをよごしたうえに、すなおにあやまらないなんて「言語道断」よ、とクラスの立花さんから注意された。わたしは返す言葉がなかった。

参考 **悪口雑言★** 思う存分に悪口を言うことや、さまざまな悪口の言葉。「悪口雑言」を並べる、などと使う。

豆ちしき もともとは仏教の言葉で、仏教の深い教えや真理は、とても言葉では言い表せないという意味だったんだ。「言語」を「げんご」と読まないように気をつけよう。また、「言語同断」と書きまちがえないようにしようね。

空きかんのポイ捨て、言語道断。

自由自在★

意味

自分の思いのままになること。また、思う存分にふるまう様子。

使い方

わたしのお父さんはフランス語を「自由自在」に使えて、フランスの人と文通もしているんだ。今度、少し教えてもらおうかな。

類

縦横無尽

自分の思うとおりにふるまう様子。縦と横の方向に限りがないということから、なんでも自由にできるという意味。「縦横無尽」の大活やく、などと使う。

豆ちしき

「自由」と「自在」は、ともに、自分の思うとおりにできることを表しているよ。言葉や道具をうまく使ったり、何にも制限されることなく行動できたりするときに、よく使われる言葉なんだ。ラケットを「自由自在」にあやつる、色を「自由自在」に組み合わせる、などのように使うよ。

夢(ゆめ)の中(なか)なら、思(おも)いどおり。

誠心誠意★

意味

まごころがこもっている様子。損するか得するかを考えず、ものごとを行うこと。

使い方

友だちとけんかをして、しばらく口をきかなかったけれど、本当は仲直りをしたかったので、話しかけてみた。「誠心誠意」気持ちを伝えたら、わかってもらえた。

参考 **真実一路★**

まごころを持って、一筋に進むこと。「真実一路」の人生、などと使う。

豆ちしき

「誠心」と「誠意」は、ともに、まごころを表しているよ。同じ意味の言葉を重ねて、意味を強調しているんだ。「誠心誠意」努力する、「誠心誠意」で接する、などのように使うよ。ものごとに取り組むときには、こうありたいものだね。「精神誠意」と書きまちがえないようにしよう。

まごころが通じて、評判を呼ぶ……。

質疑応答★

意味

質問とそれに対する答え。疑問に思うことを質問することと、それに答えること。

使い方

今日、自由研究の内容をクラスで発表した。発表の後、「質疑応答」の時間があったけれど、質問にうまく答えられず、くやしい思いをした。

参考 **問答無用★**

話し合っても無意味なこと。話し合いを続けてもむだなときなどに用いる言葉。「問答無用」と相手にしない、などと使う言葉。

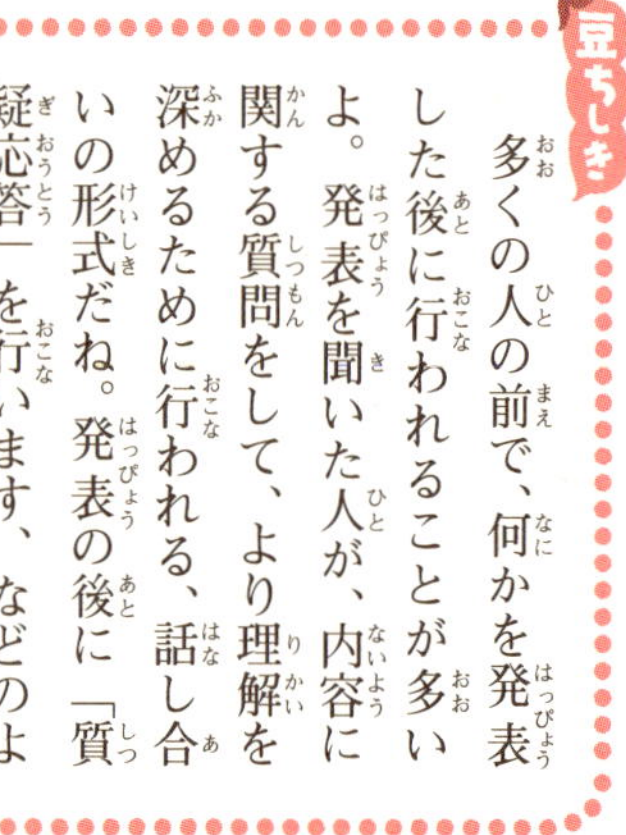

豆ちしき

多くの人の前で、何かを発表した後に行われることが多いよ。発表を聞いた人が、内容に関する質問をして、より理解を深めるために行われる、話し合いの形式だね。発表の後に「質疑応答」を行います、などのように使われるんだ。

大言壮語

意味

口では大きなことを言っても、実行がともなわないこと。おおげさに言うこと。

使い方

つり好きのおじさんは、ぼくに会うたびに、次こそ大物をつってくる、と言う。でも「大言壮語」で、大物をつってきたことは一度もない。

類

針小棒大★

ささいなことを、おおげさに言うこと。「針」ほどの「小」さなものを、「棒」のように「大」きく言う意味からできた言葉。

大言壮語してしまった…。

豆ちしき

できそうもない大きなことを、できるように言うときに使う言葉だよ。「壮語」は、勢いのよいことを言う、という意味なんだ。そういうふうにおおげさに言うことを、「おおぼらをふく」とも言うね。

単純明快★

意味
簡単ではっきりしていること。文章や話の内容がわかりやすいこと。

使い方
担任の上田先生は、授業がとても上手だ。難しいことを「単純明快」に説明してくれるので、苦手だった算数がよくわかるようになってきた。

反 **複雑怪奇**
話がこみ入っていて、わかりにくいこと。「怪奇」は、あやしげで不思議な様子。

参考 **一目瞭然**（⇩64ページ）

豆ちしき
「単純」は、簡単でものごとが入り組んでいないこと、「明快」は、話や文章がわかりやすいこと、という意味だよ。聞いたり読んだりしてすぐわかる、というほめ言葉だね。「簡単明瞭」も、よく似た意味の四字熟語だね。

簡単でも、まちがえることがある……。

単刀直入★

意味

前置きなしで、いきなり本題に入り、要点をつくこと。

使い方

海に連れていってもらいたかったので、お父さんに水泳の話をしたら、近所のプールに行くことになった。「単刀直入」に、海に行きたい、と言えばよかったと後かいした。

参考 **一刀両断★**

ものごとをためらわずにきっぱりと判断すること。もとは、刀を一回ふるだけで、ものを真っ二つに切るという意味。

豆ちしき

一本の刀だけを持って、一人で敵の中に入っていって切りこむ、という意味からできた言葉だよ。話し合いなどで、遠回しな言い方をせずに、いきなり大事なところから話し始めることを言うんだ。「短×刀直入」と書きまちがえないようにしよう。

……はっきりとは言いにくい場合もある。

大胆不敵

意味

度胸がすわっていて、なにごとも、全くおそれないこと。

使い方

弟は、「大胆不敵」にも、夏休みに一人で自転車旅行をすると言い出した。周りは反対したが、それを実行してしまった。

類

勇猛果敢

勇ましく、思いきりのいい様子や性格のこと。「勇猛」は、勇ましいこと、「果敢」は、強い決断力があること。「勇猛果敢」にせめる、などと使う。

豆ちしき

「大胆」は、度胸があること、「不敵」は、おそれを知らずに敵を敵とも思わない態度を表しているよ。「胆」というのは、肝（肝臓）のことなんだ。度胸があることを、「肝が太い」、「肝がすわる」とも言うよね。

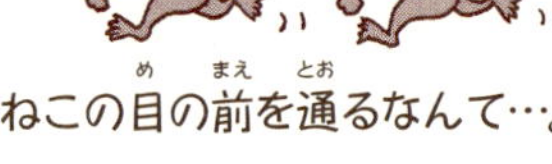

ねこの目の前を通るなんて…。

朝令暮改★

意味

命令や法律などが一定せず、くるくる変わり、あてにならないこと。

使い方

お母さんは、言うことがすぐ変わる。かたづけは後でいいから出かけよう、と言いながら、出かける前になって、部屋のかたづけをしなさい、と言う。まったく、「朝令暮改」で困ってしまう。

類

三日法度★

法律などの決まりごとがすぐに変わること。「三日」は、ごく短い期間を表す。「法度」は、法律のこと。

班長、班会議しないの？

やっぱりあしたにしよう。

豆ちしき

「朝に令して暮れに改む」と、文にして言い表すこともあるよ。朝に出した命令が、その日の夕方には変わってしまうのだから大変だね。「朝礼暮改」と書きまちがえないようにしよう。

美辞麗句

意味　うわべだけ美しくかざり立てた言葉。また、内容がなく、真実味のない言葉。

使い方　親せきのおばさんは、わたしのことを、頭がよくて、思いやりがあって、本当にすてきなおじょうさんね、とほめてくれる。でも、そんな「美辞麗句」を並べられてもあまりうれしくない……。

参考　**外交辞令★**
相手によく思われようとするためだけの、愛想のいい言葉。お世辞。

豆ちしき
「美辞」の「辞」は、言葉のことで、「麗句」は、美しい語句のことだよ。美しい言葉を表す四字熟語なのに、あまりよい意味では使わないんだ。ていねいに言ったつもりが、いやみに聞こえたりするんだね。

美辞麗句におだてられ…。

平身低頭★

意味

体をかがめ、頭を低くして、ひたすらあやまること。おそれ入ること。

使い方

お母さんが大事にしている花びんを、ゆかに落として割ってしまった。でも、「平身低頭」であやまったら、仕方ないわね、と言って許してくれた。

参考 **三拝九拝★**

何度も頭を下げること。人に何かをたのむときや、敬意を表すときに使う言葉。「拝」は、おじぎをすること。「三拝九拝」してたのむ、などと使う。

豆ちしき

「平身」は、体をかがめること、「低頭」は、頭を低く下げることを表しているよ。謝罪の気持ちを表すときに、よく使われる言葉だね。「低頭平身★」とも言うよ。

数字の四字熟語

一期一会★

意味 一生に一度しかない出会いのこと。もとは、どの茶会も、一生に一度のものと考えて、いつもしっかり取り組むように、という茶道の心得の言葉。「一期一会」の気持ちで、などと使う。

一網打尽

意味 一回で、残らずつかまえること。ひと網で、あたりにいるすべてのえものをとらえることからできた言葉。特に、悪者をつかまえたときに用いることが多い。これでやつらは「一網打尽」だ、などと使う。

二束三文★

意味 値段がとても安いこと。ものの値打ちが低いこと。江戸時代に、じょうぶで大きなぞうりを二足でたったの三文で売っていたことからできた言葉。「二束三文」の品、などと使う。「二足三文★」とも書く。

二人三脚

意味 二人が並んでかたを組み、おたがいのとなりあった内側の足首をひもでしばって、三本の足にして走る競技。これがもとになり、二人がおたがいに助け合い、協力してものごとに取り組む様子を言う。これからは「二人三脚」でがんばろう、などと使う。

四角四面★

意味 とてもまじめで、かた苦しいこと。まじめすぎて、ゆうずうがきかない様子。「四角四面」に考える必要はない、などと使う。**類** **杓子定規**（⇩148ページ）

四六時中★

意味 一日じゅう。いつも。「四六時」は、四に六をかけて、一日の二十四時間を表している。「四六時中」本を読んでいる、などと使う。

五分五分★

意味 能力や程度がおたがいに等しい様子。能力や勢力などが同じぐらいであること。「五分」は、十の半分を意味している。今のところ勝負は「五分五分」だ、などと使う。

五里霧中

意味 ものごとの手がかりが全くつかめず、見通しが立たずに困ること。深い霧の中で方向を見失う、という意味からできた言葉。「五里霧」は、あたり一面に霧が立ちこめていることのたとえ。今は「五里霧中」の状態だ、などと使う。「五里夢中」と書きまちがえないようにする。**類** **暗中模索** （⇩140ページ）

七転八起★

意味 何度失敗をしてもくじけずに立ち上がり、自分をふるい立たせて努力すること。もとは七回転んでも八回起き上がるという意味。また、そのようにうきしずみの激しい人生のこと。「七転び八起き」とも言う。

一騎当千

意味 一人で千人もの敵を相手にできるほど強いこと。人並はずれた能力や経験のたとえ。「一騎」は、一人の馬に乗った武者のこと。「当千」は、千人に当たる、という意味。「一騎当千」の強者、などと使う。

波瀾万丈

意味 激しい変化があり、劇的な様子。「波瀾」は、大小の波、つまり、もめごとのこと。「万丈」は、とても高いことのたとえ。「波瀾万丈」の人生、などと使う。「波乱万丈」とも書く。

半信半疑★

意味 何かを半分信じて、半分疑う様子。うそか本当か、判断に迷うこと。

参考 **疑心暗鬼** 疑い出すと、なんでも疑わしく思えること。暗がりに鬼がいるかもしれないと思うと、鬼がいるように見えてくる、という意味からできた言葉。

同じクラスのタカシ君は、ふたごだ。

ヒロシ

タカシ

タカシ、おはよう。

おはよう。

タカシ、あした、当番だよね？

ヒロシだよ。

あっ、タロー いっしょに帰ろうよ。

うん。

今度は……タカシ…？

みんないろいろ、十人十色

人はそれぞれ、顔かたちや性格がちがうもの。もちろん、もののとらえ方や考え方も、いろいろだよね。人がらや個性のちがい、行動のちがいなどを表すときなどに使う四字熟語を集めてみたよ。

一長一短★

意味

よいところもあるが悪いところもあって、完全ではないということ。

使い方

けいたい電話も「一長一短」で、いつでもどこでもかけられて便利だけれど、電車の中やコンサート会場などでは、周りの人に迷わくをかけることがある。使い方には気をつけよう。

類

一利一害★

よいことがある一方、悪いこともあること。また、利益がある反面、害もあるということ。

豆ちしき

「一短一長★」とも言うよ。「一長一短」の「長」は、長所でよいところ、「短」は、短所で悪いところという意味なんだ。人や物には、長所と短所の両方があるということだね。この場合の「一」は、ある面では～だ、という意味だよ。「一得一失★（得もあれば損もある）」も、よく似た意味の四字熟語だね。

ぶ厚い
くつ下って
あったかーい。
学校にも
はいていこう。
あれ?
厚すぎて、
くつがはけない。

いつでもどこでも使えるとは限らない。

我田引水★

意味

自分だけに都合がいいように、言ったり行動したりすること。

使い方

ぼくとお父さんは、毎年、夏休みの家族旅行は、海に行きたいと言っている。でも、日焼けがきらいなお母さんの「我田引水」で、いつも行き先をすずしい高原に変こうされてしまう……。

類

手前勝手★

他人にかまわず、自分の都合ばかり考えて、わがままにふるまうこと。

豆ちしき

「我田」は、自分の田んぼのこと、「引水」は、水を引くことだよ。一つの水路から、みんなの田んぼに水を引き入れているのに、自分の田んぼばかりに水を引き入れて、ひとりじめしようとするような、わがままな態度を言い表しているんだ。つまり自分に都合のいいようにふるまう、ということだね。

今夜はミカの好きなシチューよ。
味つけは、ぼくがするよ。
わーい。
あら？
シチューがカレーに変わってるわ!!
エへへ…
お兄ちゃん、ずるい。
カレーのもと

自分のことだけ考えた行動は、つつしもう。

完全無欠★

意味

欠点や不足が全くないこと。また、そのような様子。かんぺきなこと。

使い方

担任の上田先生は、教え方はうまいし、スポーツも万能、ピアノも上手で、まさに「完全無欠」の先生だ。

参考 天下無敵★

この世にだれも敵がいないほど、強いことやすぐれていること。

豆ちしき

「無欠」は、欠けたところがないことを表していて、「完全」とほぼ同じ意味だよ。こんなふうに、よく似た意味の言葉を重ねることで、意味を強調しているんだ。

完全無欠は ねたまれる？

千差万別★

意味

さまざまなちがいがあり、一つとして同じではないこと。

使い方

クラスのみんなで同じ場所で写生しても、できあがった絵は「千差万別」だ。それぞれの個性が絵には表れるのだろう。

類 多種多様★

いろいろ、さまざまな様子。「多種」は種類が多いこと、「多様」はさまざまであること。

類 十人十色★／三者三様★（⇩52ページ）

同じねこでも、外見はさまざま。

豆ちしき

「せんさまんべつ」とも読むよ。「千」と「万」は、数が多いことを表しているよ。それくらい、みんなちがっているということだね。ほかにも「千」と「万」を使った四字熟語には、「千言万語★」（⇩15ページ）、「千変万化★」（⇩96ページ）などがあるよ。

玉石混交★

意味
よいものと悪いものが、区別なく入り混じっていることのたとえ。

使い方
地区のソフトボール大会のために、メンバーが集められた。うちのチームは、初心者から経験者までいろいろな人がいる。まさに「玉石混交」のチームだ。

参考
玉石〇〇 ➡ 玉石同砕
よいものも悪いものも、かしこい人もおろかな人も、区別なく、ともにいつかはほろびてなくなることのたとえ。

豆ちしき
「玉」は、宝石のことで、「石」はただの石のこと。「混交」は、混じり合っていることだよ。すぐれたものと、おとったものが、区別なくいっしょになっているときに使う言葉なんだ。本当は、「玉石混淆」と書くけれど、とても難しい字なので、「玉石混交」とも書くんだ。

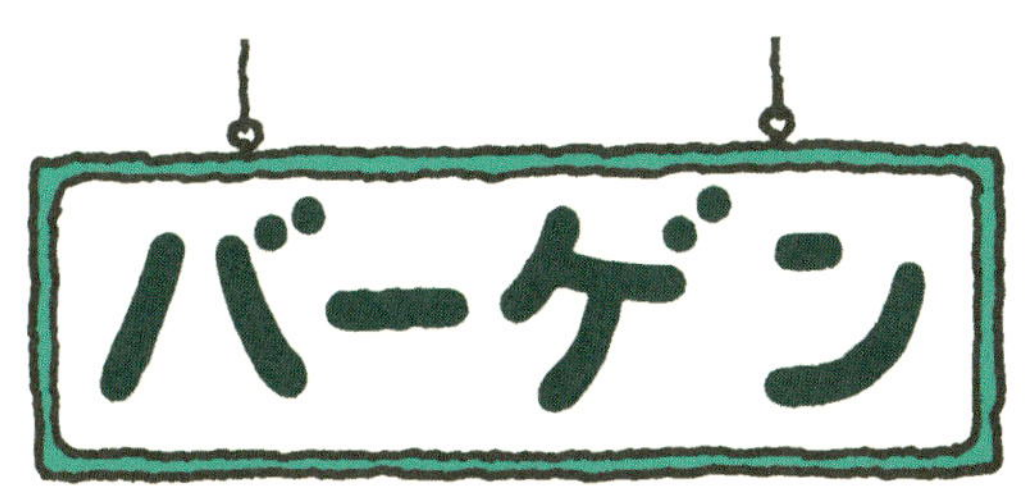

バーゲン
もうちょっと待って!!
もう帰ろうよ。

いいものが混じっているかも、と思わずにはいられない……。

自画自賛★

意味

自分で自分のことや、自分のしたことをほめること。じまんすること。

使い方

お父さんは最近、料理にこっている。先週はビーフシチューを作って、おれは天才だ、と「自画自賛」していた。でも、だれもおかわりをしなかった……。

類 **手前味噌**

自分で自分をほめること。自分の家で作った味噌の味を、周りの人にじまんしたことからできた言葉。

参考 自○自○ ➡ 自業自得★ （⇩100ページ）

豆ちしき

「賛」は、絵にそえる詩や文章のこと。昔の中国では、自分でかいた絵に、他人に賛を書いてもらうのがふつうなのに、自分で賛を書いてしまう、ということからできた言葉だよ。周りの人からみると、ちょっとこっけいに思えることが多いんだ。「自我×自賛」と書きまちがえないようにしよう。

ぼくって
やさしいし、
めんどうみも
いいし、
ニャ〜〜
最高の
飼い主だよ
ねー？
ただいま。
ニャ〜〜

自分が思うほどには、評価されていないこともある。

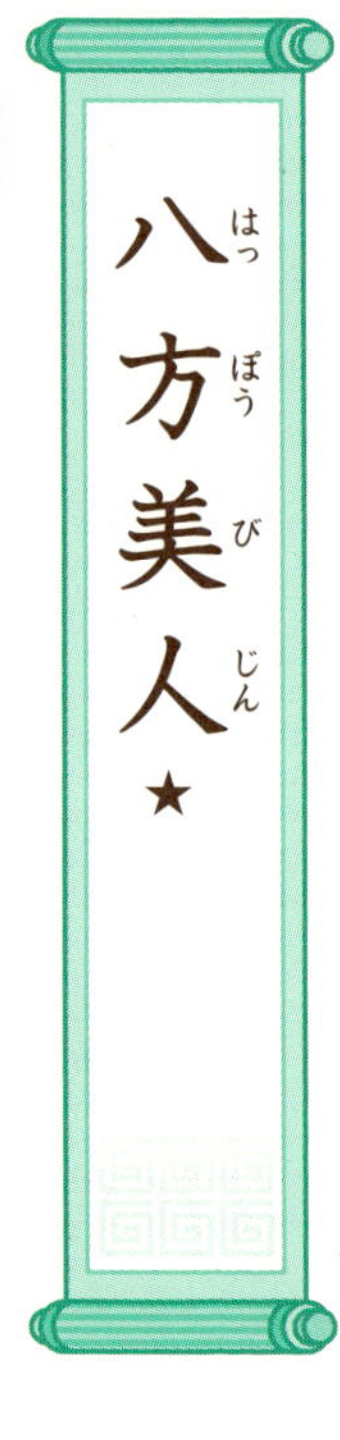

八方美人★

意味

だれに対しても、愛想よくふるまうこと。また、そのような人。

使い方

妹は「八方美人」で、だれに対しても都合のいいことしか言わない。このままでは、そのうちだれからも信用されなくなってしまうと思う。

参考 八方 ⬇ 四方八方★

あちらこちら。「四方」は、東、西、南、北のこと、八方は、さらに北東、北西、南東、南西を加えたもので、あらゆる方向を表す。

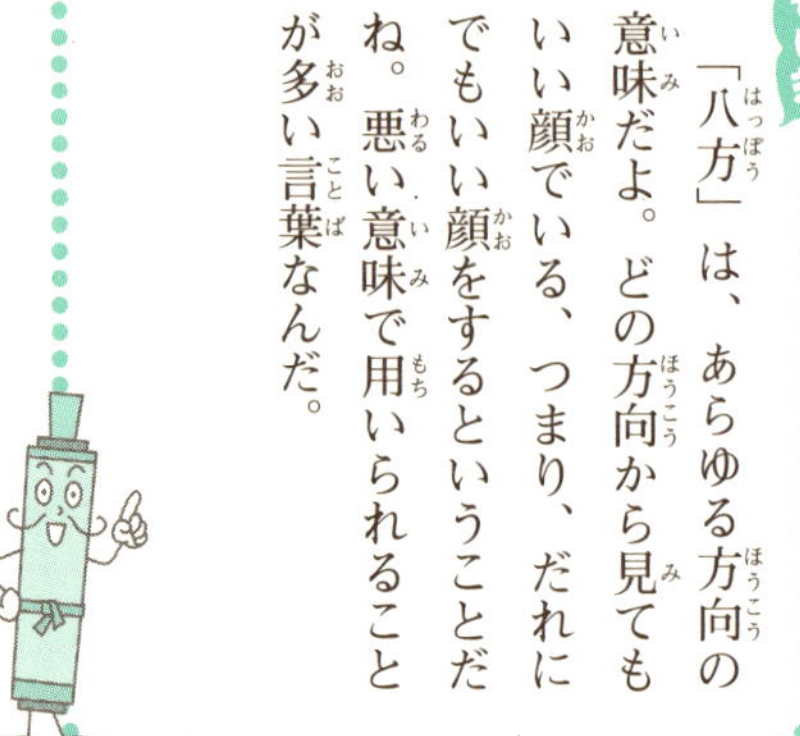

豆ちしき

「八方」は、あらゆる方向の意味だよ。どの方向から見てもいい顔でいる、つまり、だれにでもいい顔をするということだね。悪い意味で用いられることが多い言葉なんだ。

品行方正★

意味
心や行いが正しく、まじめな様子。行いがきちんとしていること。

使い方
学級委員の田村さんは、まじめで礼儀正しく、とても「品行方正」な人だけれど、ゆうずうがきかないのが玉にきずだ。

参考 **聖人君子★**
立派な人徳やすぐれた知識を身につけた理想的な人物のこと。「聖人」と「君子」は、ともにすぐれた人格を備え、学識のすぐれた人を指す。

おじゃまします。

豆ちしき
「品行」は、行いやふるまいのこと、「方正」は、心や行いなどが正しくきちんとしていることだよ。「方」には、正しいという意味もあるんだ。

十人十色★

意味

人の好みや考え方、性質などは、人によってさまざまである、ということ。

使い方

好きな給食について、クラスでアンケートをとってみた。カレーが一位だったが、二位以下は「十人十色」で、いろいろな料理が書いてあった。

類 三者三様★

やり方や考え方が、人それぞれちがうこと。三人いれば三つのやり方や考え方があることからできた言葉。

類 千差万別★／多種多様★ （⇩45ページ）

豆ちしき

「十色」は、「といろ」と読むよ。「十色」の「色」は、人の好みや考え方を指していて、十人いれば十人ともちがう、ということなんだ。クラスの子の何人かに、同じ質問をしてみよう。たぶん、いろいろな答えが返ってくるはずだよ。「各人各様★」も、よく似た意味の四字熟語だね。

悲しい話だよね。
え？
これって本当の話？
どこの国の話かなあ。
最後はほっとしたよ。
そうかなあ。
友だちがやさしいね。
主人公が好きだな。
おもしろいね。
始まり方がいいわね。

読んだ感想は、人それぞれ……。

大器晩成★

意味

立派な人、偉大な人は、長い時間をかけてゆっくりと実力を養い、大成する、ということ。

使い方

近所のおじさんは、若いころからずっと小説を書き続けていた。そして、六十才でやっと小説家として、デビューしたんだ。まさに「大器晩成」の人だね。

参考 **立身出世★**

成功して、世の中に認められること。社会で高い地位について、名声を手に入れること。「立身出世」を願う、などと使う。

豆ちしき

「大器」は、大きな器のこと、「晩成」は、長い年月をかけて完成することだよ。立派な器ができるには、時間がかかる、という意味だね。年をとってから、実力が認められた人に対して使うんだ。また、なかなか成功しない人に、実力をつけていけばいつかは成功するよ、とはげますときに使える言葉だね。

金賞
五十年たって、やっと世の中に認められたんじゃ。
へ〜〜え
ぼくがあと五十年くらいたったら…、
こんな感じになる……？

いつ立派になれるかは、だれにもわからない……。

不言実行★

意味

あれこれ言わず、だまってするべきことをしっかりと行うこと。

使い方

お兄ちゃんは「不言実行」タイプだ。クラブ活動でつかれて帰って来ても、文句も言わずに机に向かい、予習と復習をする。

参考

有言実行★

口に出したことは、必ず実行すること。「不言実行」がもとになってできた言葉。

努力が実ればいいけれど…。

豆ちしき

「不言」は、何も言わないことで、あれこれ理くつや文句を言わないことだよ。「不言」がつく四字熟語に、「不言不語★」があるけれど、何も言わないこと、という意味なんだ。

付和雷同

意味

自分にしっかりした意見がなく、深く考えずに他人の意見に賛成すること。

使い方

いつもあまり自己主張せず、「付和雷同」していたお兄ちゃんが、高校を決める時は、自分の意見を通した。それくらい思いが強かったのだろう。

参考 **独立独歩★**

他人にたよらずに、自分の信じることを、独りで行うこと。独立して自分の思うとおりに行動すること。「独立独行★」とも言う。

学級会

ぼくは、多い意見に賛成です。

豆ちしき

「付和」は、自分の考えがなく、他人の意見に賛成すること。「雷同」は、雷の音があらゆるものにひびくように、やたらと他人の意見に賛成することだよ。「不和雷同」や、「付和雷動」と書きまちがえないようにしよう。

大同小異★

意味

だいたい同じで、少しだけちがうこと。似たりよったりで、大差がないこと。

使い方

お姉ちゃんは、誕生日のプレゼントに、どのブラウスを買ってもらうか、ずっと迷っている。でも、ぼくにはどれも「大同小異」に見えて、ちがいがよくわからない。

類

同工異曲★

見た目は異なるが、内容はほぼ同じであること。もともとは、音楽や詩について使った言葉。あまりよい意味はなく、「同工異曲」の作品、などと使う。

豆ちしき

「大同」は、だいたい同じであること、「小異」は、わずかなちがいの意味だよ。何かを比べるときに使う言葉なんだ。「五十歩百歩」ということわざも、意味がよく似ているね。「大同少異」と書きまちがえないようにしよう。

どちらもおいしいことには変(か)わりがないのだが……。

適材適所★

意味

その人の才能や能力によく合う、最も適した地位や仕事をあたえること。

使い方

学芸会で、劇をすることになった。役を演じる人、道具、音楽、衣装など、それぞれの係を、みんなで相談して決めた。「適材適所」の分担になったと思う。

反

大器小用★

大きな器を小さな目的に用いるように、才能のある人をそれに適した地位につけないこと。大人物に、たいしたことのない仕事しかさせないようなときに使う言葉。

豆ちしき

「適材」は、あることに適した能力を持つ人、「適所」は、適する場所の意味だよ。仕事や役割を決めるときに、これは大切なことだね。みんなで手分けして一つのことをするときには、その人の得意なことを生かせるように、それぞれの役割を決めるといいよ。そうすることで、全体の作業がはかどって、よい結果を生むんだ。

調理実習
みんな、そろそろ仕上げにはいるわよ。
ドレッシングできたよ。
早いね、あのグループ。

得意な力を出し合うと、うまくいく。

有名無実★

意味

広く知れわたっているが、その内容がともなっていないこと。

使い方

テレビ番組でしょうかいされていた有名レストランに、予約までして食べに行ったけれど、ちっともおいしくなかった。「有名無実」とはこのことだ。

参考 **正真正銘**

全くうそやいつわりがないこと。本物。正しいことを強調するときに用いる言葉。これこそ「正真正銘」の～だ、などと使う。

つまんない。
おもしろい本
ベストセラー
です。

豆ちしき

「有名」は、名前がよく知られていることを指すよ。「無実」は、内容がともなっていないこと。罪がないときに使う「無実」とはちがう意味なので、気をつけよう。

老若男女★

意味

老人、若者、男性、女性。年令や男女の区別もなく、みんなということ。

使い方

お祭りのポスターに、「老若男女」を問わず参加してください、と書いてあった。ぼくの家族は全員が参加することになり、今からとっても楽しみだ。

参考

善男善女★

仏教の言葉で、仏教を強く信じている人々すべてのこと。また、信心深い人々のこと。「善男善女」が寺をおとずれる、などと使う。

豆ちしき

「老若男女」は、意味は難しくないけど、読み方が少し難しいよ。「若」は「にゃく」、「男」は「なん」、「女」は「にょ」と読むんだ。早口言葉みたいだね。

老若男女、全員集合！

一目瞭然

意味 ひと目見ただけで、はっきりわかること。「瞭然」は、疑う余地もなく、はっきりしている様子。そんなことは「一目瞭然」だ、などと使う。

参考 単純明快★（⇩28ページ）

傍目八目

意味 本人よりも、横から見ている人のほうがものごとがよくわかり、冷静に正しく判断できる、という意味。囲碁を打っている本人より、横から見ている人のほうが八目先の手までわかる、ということからできた言葉。「岡目八目」とも書く。

首尾一貫

意味 始めから終わりまで、考え方や態度が変わらないこと。「一貫」は、一つのやり方で通すこと。「首尾一貫」している、などと使う。「終始一貫」もよく似た意味の四字熟語。

頭寒足熱★

意味 頭を冷やして、足を温めること。このようにすると、健康によいとされている。「頭寒足熱」でかぜを予防する、などと使う。「とうかんそくねつ」と読まないように気をつける。

抱腹絶倒

意味 腹を抱えて大笑いする様子。「抱腹」は、腹を抱えて大笑いすること、「絶倒」は、転げ回るほど笑うこと。「抱腹絶倒」の新作映画、などと使う。「捧腹絶倒」とも書く。

動物の四字熟語

牛飲馬食★

意味 たくさん飲んだり、食べたりすること。牛が水を飲むように、たくさんの飲み物や酒を飲み、馬が草を食べるように、たくさん食べることからできた言葉。「牛飲馬食」は体に悪い、などと使う。

虎視眈眈

意味 何かを手に入れようとして、じっと機会をうかがっている様子。「眈眈」は、するどい目つきでえものをねらう様子。虎が、えものをねらって、するどい視線でじっと見下ろすことからできた言葉。「虎視眈眈」とねらう、などと使う。

猪突猛進

意味 一つの目的に向かって、わきめもふらずに突き進むこと。「猪突」は猪のようにまっすぐに進むこと、「猛進」は勢いよく進むこと。目的に向かって「猪突猛進」する、などと使う。

馬耳東風★

意味 人の意見や忠告を心にとめず、聞き流すこと。また、なんの反応もなくてむだなこと。「東風」は、春風のこと。春風がふくと、人は喜ぶけれども、馬はなんとも思わないことからできた言葉。何を言っても「馬耳東風」だ、などと使う。

竜頭蛇尾

意味 初めは勢いがあるのに、終わりになって勢いがなくなることのたとえ。頭でっかちでしりすぼみの様子。頭は竜のように立派なのに、尾は蛇のように細くてみすぼらしい、ということからできた言葉。

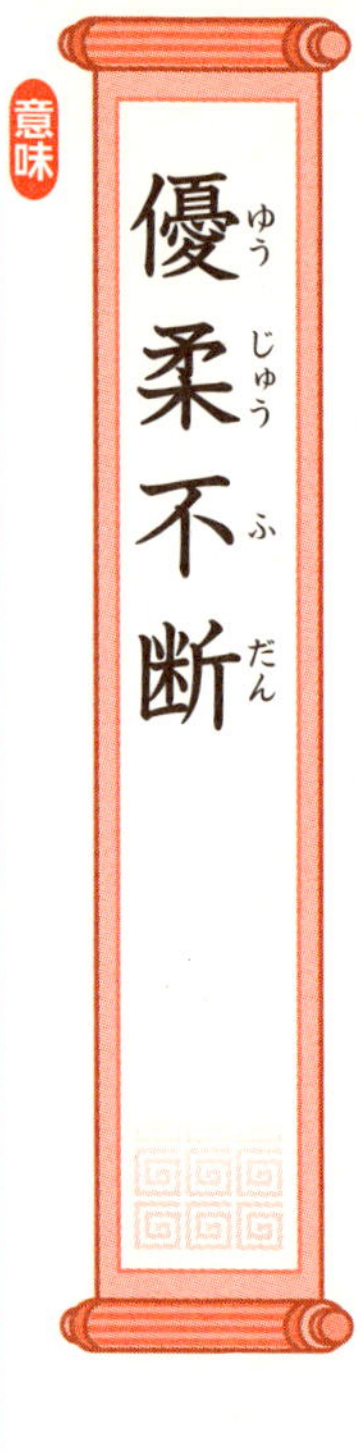

優柔不断（ゆうじゅうふだん）

意味 決断力（けつだんりょく）にとぼしく、いつまでもぐずぐずしていること。態度（たいど）をはっきりさせず、意見（いけん）をなかなか出（だ）さない様子（ようす）。

反 勇猛果敢（ゆうもうかかん）（⇩32ページ）

参考 即断即決（そくだんそっけつ）
ものごとを、その場（ば）ですぐに決（き）めてしまうこと。「速断速決」と書（か）きまちがえないようにする。

今日（きょう）、サッカーしようよ。
うん。
今日（きょう）、野球（やきゅう）しよう。
う…うん。
あ、来（き）た来（き）た。
どっちにするの？
えーっと、サッカー。
いや、野球（やきゅう）かなあ。………。

はらはらどきどき、一進一退

人生は山あり谷あり。毎日の暮らしの中でもいろいろなことが起こるよね。何をやってもうまくいくときや、反対に、何をやってもうまくいかないときなど、はらはらどきどきする場面で使う四字熟語を集めてみたよ。

一喜一憂

意味

状きょうが変わるたびに、喜んだり、心配したりすること。また、状きょうにふり回されること。

使い方

お兄ちゃんの野球の試合を見に行った。どちらのチームもよくヒットを打つ。点を取ったり取られたりするたびに、「一喜一憂」しながら観戦した。

参考 **喜色満面★**

喜びが、顔いっぱいにはっきりと表れる様子。「喜色満面」にあふれる、「喜色満面」の笑みをうかべる、などと使う。

参考 **喜怒哀楽** （⇩16ページ）

豆ちしき

「喜」は、喜ぶこと、「憂」は、憂えることで、心配したり、悲しんだりすることだよ。「一」は、あるいは、～したり、という意味だから、「一喜一憂」で、喜んだり心配したりする、という意味だね。何かに夢中になって、そのなりゆきの一つ一つに反応して、落ち着かない様子を言うんだ。

一回戦
タロー君、ナイスシュート!!
エヘヘ…
二回戦
ガッカリ
今日は、ありさちゃんの応えんはなしか…。
決勝戦
タロー君がんばってー!!
ヤッター
試合に集中してよ。

ついつい気になってしまうこともある……。

一石二鳥★

意味

一つのことをして、同時に二つの利益を得ること。また、一つのことで、二つの目的を果たすこと。

使い方

最近、お父さんが、犬のポチを連れて散歩に出かけるようになった。運動不足が解消できるし、ポチも喜ぶし、まさに「一石二鳥」だよ、と言っている。

類 一挙両得★／**反** 一挙両失★

「一挙両得」は、一つのことで、二つのものを得ること。「一挙両失」は、一つのことで、ほかのもう一つのものまでだめになること。

豆ちしき

「一石」は、一つの石、「二鳥」は、二羽の鳥のことだよ。一つの石を投げて、同時に二羽の鳥をつかまえたことからできた言葉なんだ。一つの石を投げただけなのに、二羽の鳥を手に入れるんだから、得だよね。もとは、イギリスのことわざと言われているよ。

どうしよう……。
バリバリ
破れたところをかくしちゃおう。
それに、なかなかかわいいじゃない。

工夫しだいで、よりうまくいく……。

悪戦苦闘

意味 強敵を相手に苦しみながら戦うこと。困難に打ち勝とうと、努力すること。

使い方 お母さんにパズルの本を買ってもらった。難しい問題がたくさんのっていたけれど、「悪戦苦闘」の末、全問を解いた。

参考 **四苦八苦★**
ひじょうに苦労すること。もとは仏教の言葉で、あらゆる苦しみのこと。～するのに「四苦八苦」した、などと使う。

毎日、宿題に悪戦苦闘…。

豆ちしき
「悪」には、悪いという意味のほかに、厳しい、激しいという意味もあるんだ。「悪戦」は、相手が強くて、こちらもがんばっているものの、なかなか勝てない戦いなんだ。

急転直下★

意味

ものごとの様子が急に変化して、解決・結末に向かうこと。

使い方

美術館から名画がごっそりぬすまれた。警察は手がかりがつかめず、苦しんでいたが、ぬすまれた絵を売りはらおうとした人が現れ、「急転直下」、事件は解決に向かった。

参考

一件落着★

あるものごとが決着したり、解決したりすること。「落着」は、落ち着く、つまり、解決するという意味。

急転直下、事件は解決！

豆ちしき

「急転」は、急に変化すること、「直下」は、まっすぐに下りることで、合わせて、ただちに結末に向かうという意味だよ。めんどうな事件が、あることがきっかけで、あっという間に解決するようなときに使うね。

一進一退★

意味 進んだり退いたりすること。状態がよくなったり悪くなったりすること。

使い方 おじいちゃんが入院した。お母さんが毎日お見まいに行く。ぼくも行きたいけれど、病状が「一進一退」だから、もう少し落ち着いてからね、と言われた。

参考 **紆余曲折**
事情がこみ入って、解決に手間取ること。いろいろないきさつがあって、さまざまに変化すること。

参考 一〇一〇⬇**一喜一憂**（⇩68ページ）

豆ちしき
「一進一退」の「一」は、あるいは、～したり、という意味だね。進んだり退いたり、進んだりもどったり、ということを表しているんだ。病状、試合の様子、仕事の進み具合などを表すことが多いね。「一進一退」をくり返す、などのように使うよ。

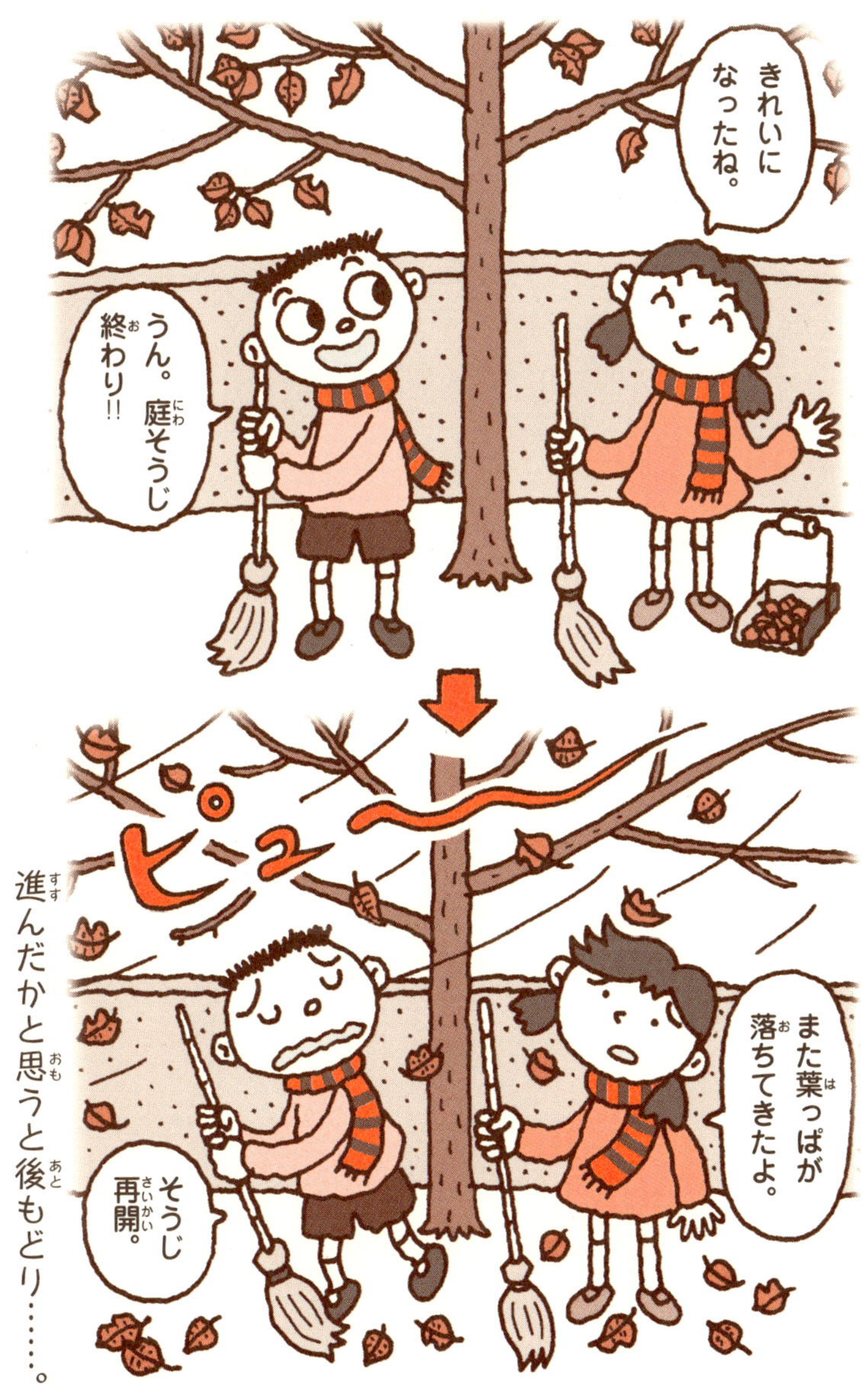

きれいになったね。
うん。庭そうじ終わり!!
ピュ〜
また葉っぱが落ちてきたよ。
そうじ再開。

進んだかと思うと後もどり……。

右往左往★

意味

あわてふためいて、あっちに行ったり、こっちに来たりすること。また、混乱している様子。

使い方

大雪で電車がおくれている。それでもなんとか目的地にたどり着く方法はないかと、人々が駅の構内を「右往左往」している。

反

泰然自若

落ち着いていて、どんなことにも動じない様子。「泰然」も「自若」も、あわてず落ち着いていることを言う。「沈着冷静」もよく似た意味の四字熟語。

「往」は、行くという意味だよ。どうしたらいいかわからずに、右に行ったり左に行ったり、うろうろしているんだね。「右往左往」で使われている「右」と「左」は、あっちこっちという意味で、目標が定まっていないことを表しているよ。

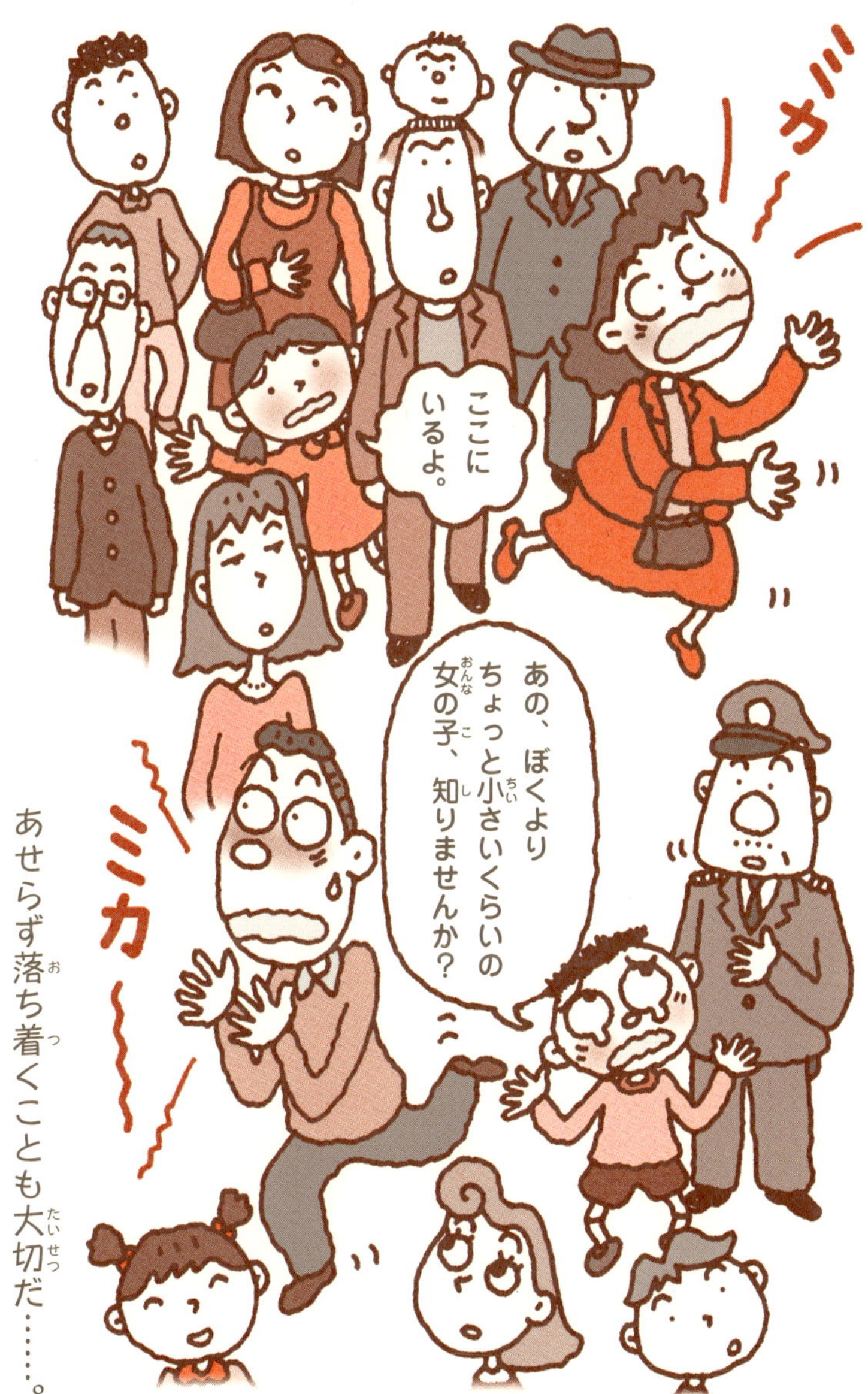

ガ〜
ここにいるよ。
あの、ぼくより
ちょっと小さいくらいの
女の子、知りませんか？
ミカ〜

あせらず落ち着くことも大切だ……。

起承転結★

意味

文章や話の組み立て方のこと。話の中の、ものごとの順序や展開の仕方のこと。

使い方

読書感想文を提出したら、先生に、「起承転結」がはっきりしていてうまく書けていますね、とほめられた。お父さんにアドバイスを受けたことは、ないしょだ。

参考 **理路整然★**
話や文章、ものごとの筋道が整っている様子。「理路整然」とした説明、などと使う。

豆ちしき

話の筋道の作り方のひとつだよ。「起」が初め、「承」で初めの内容を受けて話を進め、「転」で調子を変え、「結」でまとめるんだ。もとは、漢詩の作り方のことだったんだ。漢詩は、中国で生まれた、漢字だけで作られる詩のことだよ。

四コマまんがも、起承転結。

空前絶後★

意味

今までにも、これから後にも例がないほど、たいへんめずらしいこと。まれなこと。

使い方

ぼくの町に住んでいる水泳選手が、オリンピックに出場して金メダルを取った。町は、この「空前絶後」の快挙にわきかえり、盛大なイベントが行われた。

参考 **日常茶飯★**

毎日起こるありふれたこと。毎日の食事のように、いつものこと。「日常茶飯事」とも言う。

きれいにかたづいてる!!

空前絶後のできごと…。

豆ちしき

「空前」は、これまでにないこと、「絶後」は、今後もありえないという意味だよ。今より前にも後にもない、ということだね。それくらい、めずらしいことを言うんだ。

危機一髪（ききいっぱつ）

意味 ひじょうに危険なことになる直前の状態。危険がせまってきている様子。

使い方 せまい坂道を歩いていると、自転車が全速力で下ってきて、もう少しでぶつかるところだった。「危機一髪」で助かって、ほっとした。

参考 **一触即発**
ちょっと触れただけでばく発しそうなくらい、危険な状態に直面していること。今は「一触即発」の状態だ、などと使う。

豆ちしき
「危機」は、ひじょうに危ない状態、「一髪」は、一本の髪の毛という意味だよ。髪の毛一本ほどのわずかなちがいで、危険なことになってしまう、そのぎりぎりのところにいることを表しているんだ。「危機一発」と書きまちがえないようにしよう。

ワンワン
急げミカ!!
もうダメだよ。
キャイ〜〜ン
危ないところだったね。
とにかく助かったみたいだ。
ゼーゼー

タッチの差で難をのがれる……。

絶体絶命★

意味

困難や危険から、どうしてもにげられないこと。追いつめられた状態。

使い方

明日から新学期が始まるというのに、宿題がまだほとんどできていない。「絶体絶命」の大ピンチだ。とにかく、できるところまでやりぬこう……。

参考 **断崖絶壁**

切り立っている崖のこと。また、危機がせまってきている状きょうのたとえにも用いられ、「断崖絶壁」に立たされる、などと使う。

豆ちしき

体も命も絶えてなくなるほど、危険な状態にあることを表しているんだ。追いつめられてどうしようもなくなったときに使うよ。「絶体」も「絶命」も、中国の星うらないで、破めつを表す不吉な星の名前なんだ。「絶対絶命」と書きまちがえないようにしよう。

……さあ、どうする？

弱肉強食★

意味
弱いものが強いもののえじきになること。または、強いものが弱いものをほろぼして、栄えること。

使い方
スポーツは「弱肉強食」の世界だ。実力のあるものだけが生き残る。ぼくもサッカークラブのレギュラーに選ばれるように、がんばろう。

参考 盛者必衰
どんなに勢いの盛んなものも、いつかは必ず衰えるということ。『平家物語』という、日本の古い物語のはじめに使われていることで有名な言葉。

豆ちしき
弱いものが強いもののぎせいになるという、生存競争の厳しさを表している言葉なんだ。「優勝劣敗（優っているものが勝ち、劣っているものが負けること）」も、よく似た意味の四字熟語だよ。

順風満帆

意味

帆が追い風を受けて、快調に進むこと。また、ものごとがすべて順調に進んで、うまくいくこと。

使い方

サッカー大会の初戦でいきなり去年の優勝チームと対戦したけれど、接戦の末、なんとか勝てた。優勝に向けて、「順風満帆」のスタートだ。

参考 前途洋洋／前途多難

「前途洋洋」は、将来が大きくひらけて希望に満ちている様子。「前途多難」は、これから先に、多くの困難や災難が待ちかまえている様子。

豆ちしき

「順風」は、進行方向に向かってふく、追い風のことだよ。この進行方向は、船の進む方向だけではなく、人やものごとなどが進む方向のことも表すんだ。「満帆」は、風を受け、船の帆がいっぱいにふくらむことだよ。

前後不覚★

意味 ものごとのあとさきもわからないくらい、正常な意識がなくなること。

使い方 お父さんは忘年会で、お酒を飲みすぎてよっぱらってしまい、「前後不覚」になって帰ってきた。どうやって帰ってきたのか、全く覚えていないらしい。

参考 **茫然自失**
ものごとにあきれ果てたり、とつぜんのできごとにあっけにとられたりして、我を忘れる様子。気がぬけてぼんやりする様子。

豆ちしき
「前後」は、時間の前と後、「不覚」は、覚えていない、わからないという意味だよ。いつもなら、時間の前と後は、はっきりとわかることだよね。でも、あることが原因で、きちんと判断ができなくなった状態を「前後不覚」と言うんだ。

ムニャムニャ
はーい。
タロー、自分の部屋でねなさい!!
だいじょうぶかしら…。
ゴチン
おやすみなさい。
翌朝
イターイッ
なんでたんこぶが…?

本人は、さっぱりわけがわからず……。

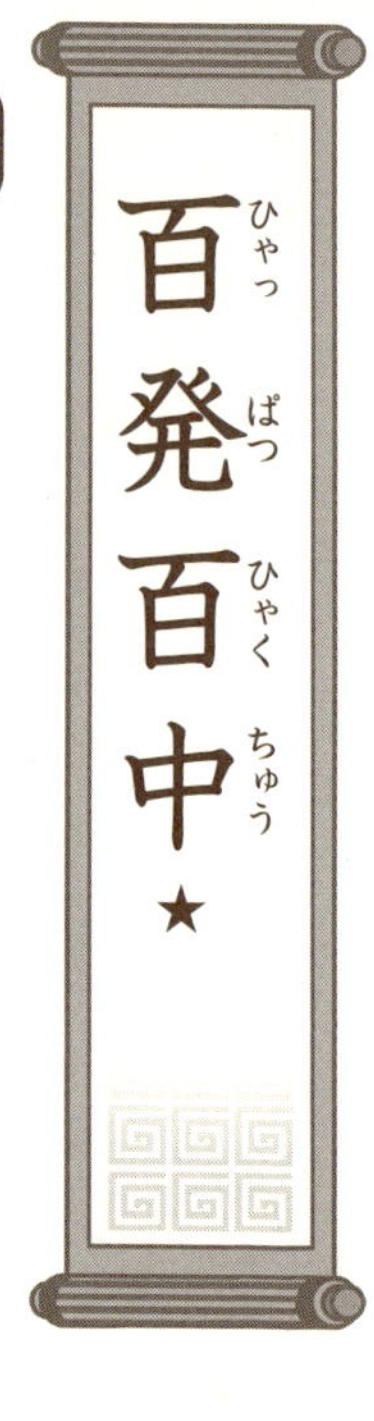

百発百中★

意味 矢やたまが、すべて的に当たること。また、予想や計画などが、すべてそのとおりになること。

使い方 クラスの山田君はとてもカンがいい。漢字テストの問題を予想してもらったら、みごとに「百発百中」だったので、みんなびっくりした。

参考 百○百○ ➡ 百戦百勝★
どんな戦いでも、戦えば必ず勝つこと。百回戦って、百回とも勝つことからできた言葉。

豆ちしき
昔の中国にいた弓の名人の話からできた言葉だよ。弓の名人が、遠くはなれたところから、やなぎの葉をねらって射たら、百本ともすべて命中したことがもとになっているんだ。このことから、予想がすべて当たったり、計画がそのとおりになったりするときにも使うよ。

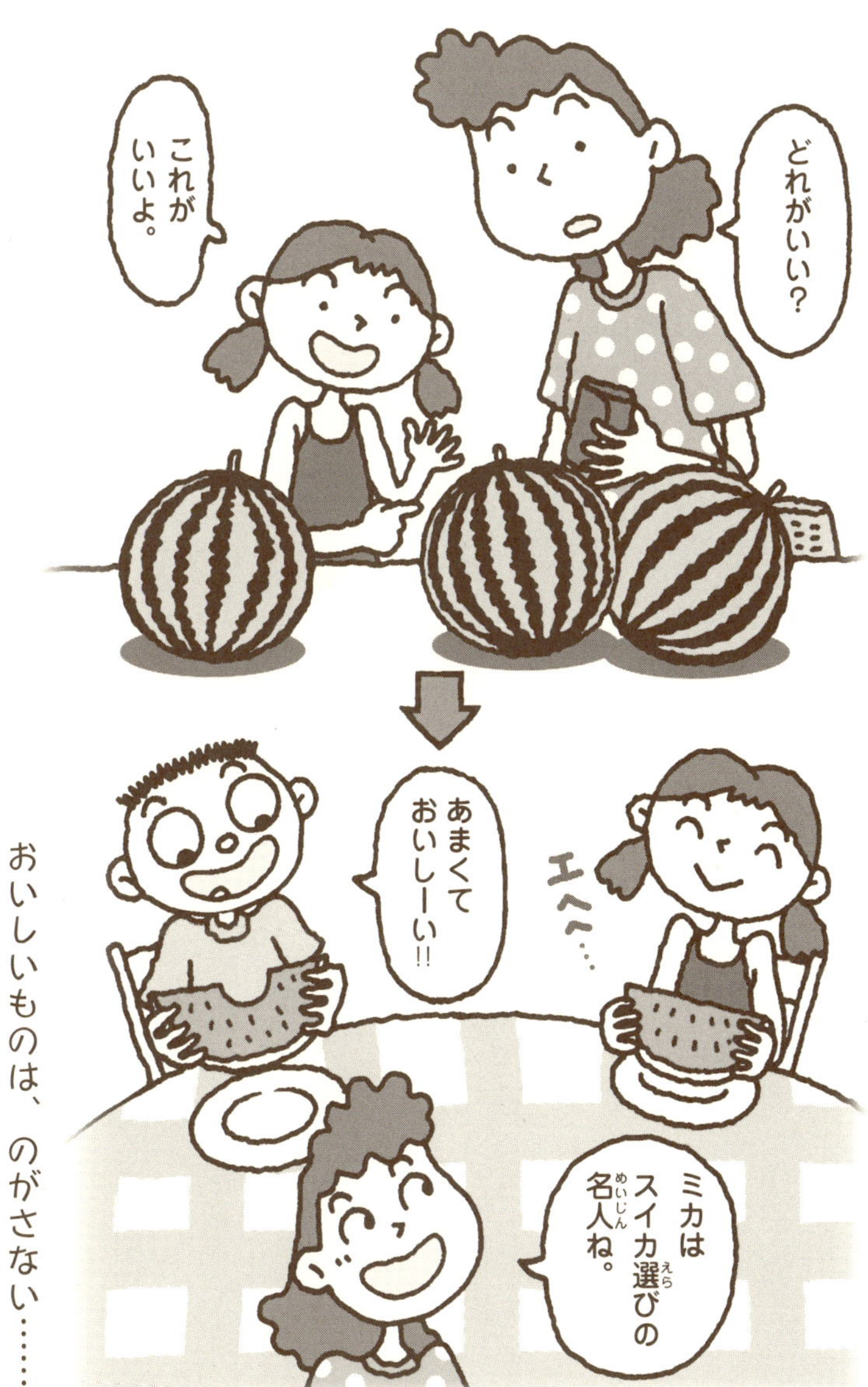

どれがいい?
これがいいよ。
あまくておいしーい!!
エヘヘ……
ミカはスイカ選びの名人ね。

おいしいものは、のがさない……。

神出鬼没

意味 自由に現れたり、かくれたりすること。また、動きがすばやくて、居場所がつかめないこと。

使い方 展覧会の絵や、銀行の金庫のお金などをぬすんでいた「神出鬼没」の大どろぼうが、つかまって、テレビや新聞は大さわぎだった。

参考 変幻自在
自由に現れたり、消えたりすること。また、思いのままに変化する様子。「幻」は幻のことで、人のしわざとは思えない様子を表している。

お母さんは、神出鬼没。

豆ちしき
「神」や「鬼」は、いろいろなところに、自由に現れたり、消えたりすることができると言われているんだ。それくらい、人並はずれて不思議な動きに見える、ということだね。

青天白日★

意味

潔白で後ろめたいことがない様子。無実が明白になること。また、快晴の空と日光のこと。

使い方

冷蔵庫にあったケーキがなくなり、わたしが疑われた。でも、しばらくして、お兄ちゃんが食べたことを白状し、わたしはようやく「青天白日」の身となった。

類 清廉潔白

後ろめたいことがなく、心が清く私欲や不正がないこと。「清廉」は、心が清くけじめがついていること。「清廉潔白」な人、などと使う。

今日はまだつまみ食いしてないよ!!

ハァ〜？

青天白日だと主張する…。

豆ちしき

「白日青天★」とも言うよ。「白日」は、光りかがやく太陽のこと。「青天」は、晴れた青空のこと。かがやく太陽や、一点のくもりもない青空ように、すがすがしい心のことだよ。

無我夢中★

意味

ほかのことはすっかり忘れてしまうほど、あることに熱中すること。

使い方

林の中でカブト虫を探していたら、ハチの巣に虫とりあみをぶつけてしまった。おこったハチが次々と巣からとび出してきたので、「無我夢中」で走ってにげた。

類 **一意専心★**

ほかのことには目を向けず、ひたすら一つのことに心を集中すること。

類 **一心不乱★**（⇩129ページ）

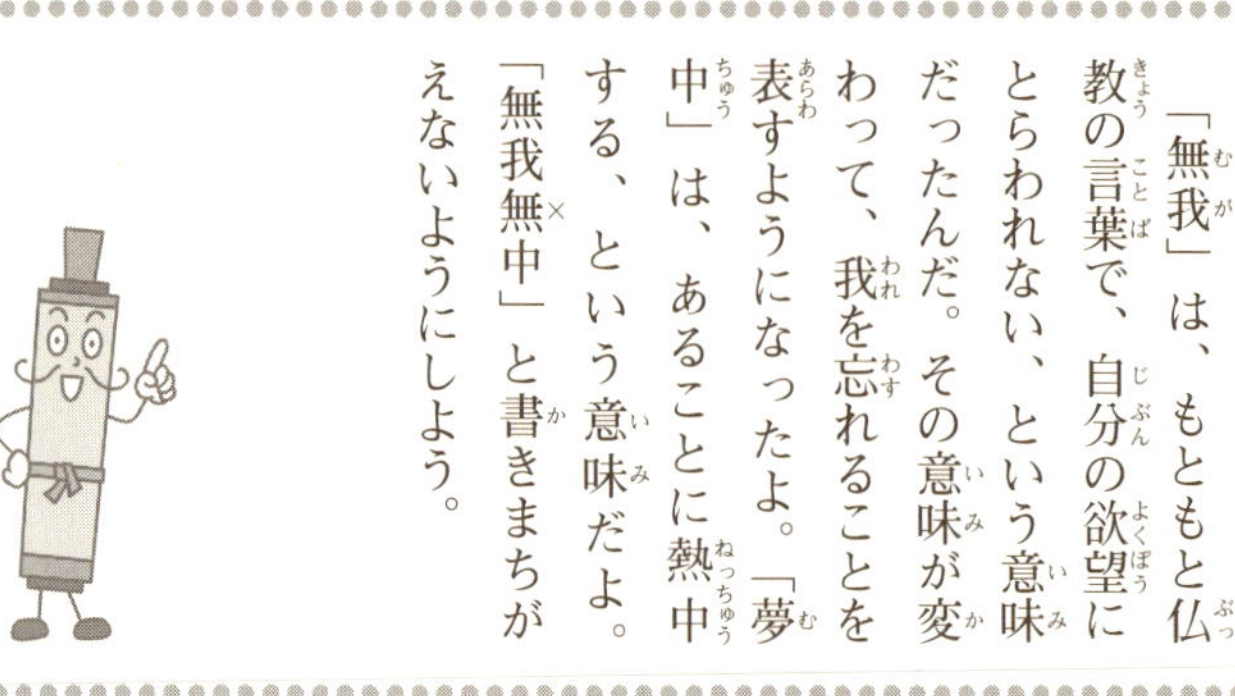

豆ちしき

「無我」は、もともと仏教の言葉で、自分の欲望にとらわれない、という意味だったんだ。その意味が変わって、我を忘れることを表すようになったよ。「夢中」は、あることに熱中する、という意味だよ。「無我無中」と書きまちがえないようにしよう。

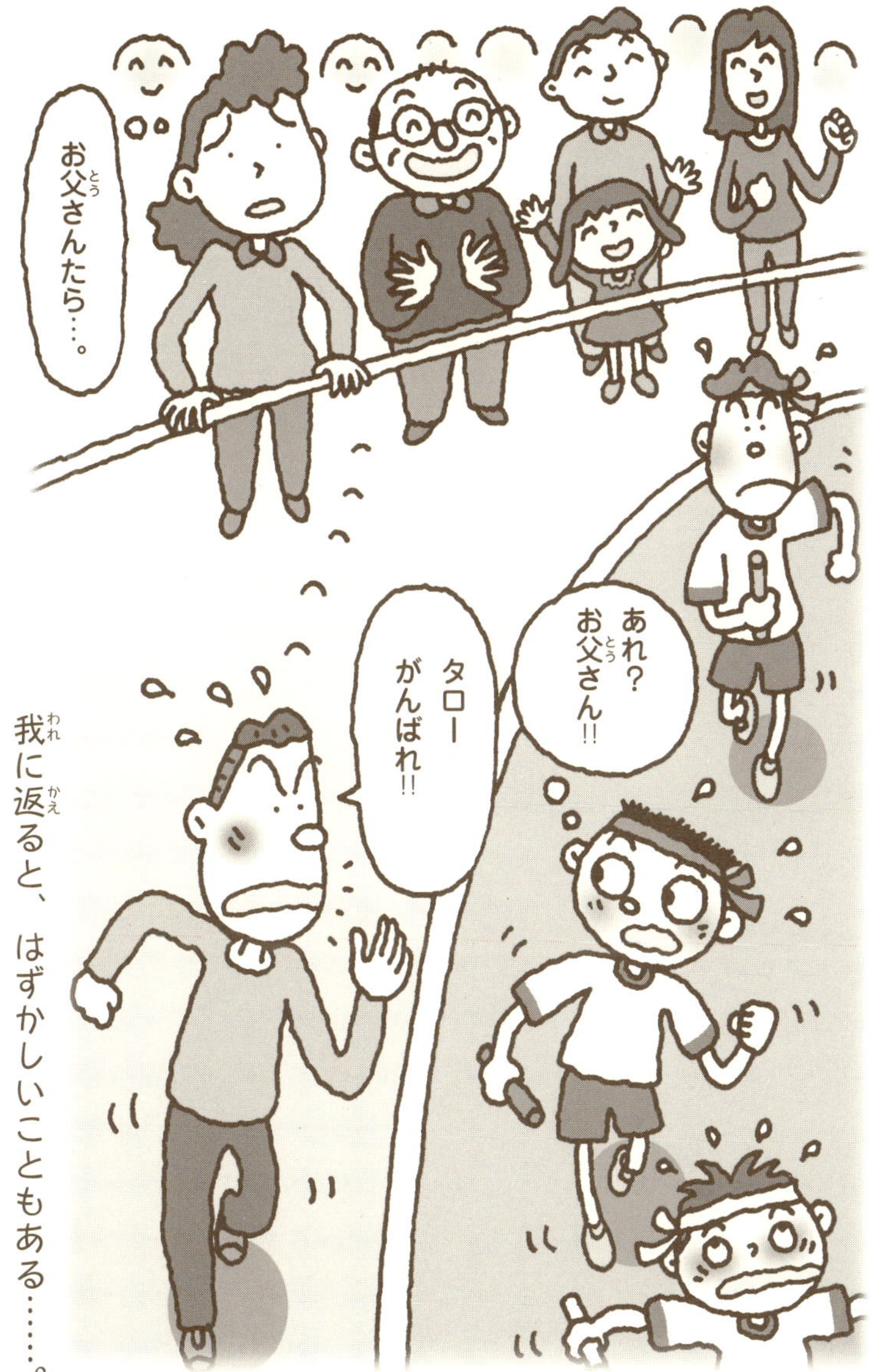

お父さんたら…。
あれ？
お父さん!!
タロー
がんばれ!!

我に返ると、はずかしいこともある……。

千載一遇（せんざいいちぐう）

意味 めったにおとずれないような、よい機会（きかい）。絶好（ぜっこう）のチャンス。

使い方 友（とも）だちのお姉（ねえ）ちゃんが、映画（えいが）のオーディションに合格（ごうかく）したらしい。大女優（だいじょゆう）になるための「千載一遇（せんざいいちぐう）」のチャンスだ。がんばってほしいな。

参考 時期尚早（じきしょうそう）

あることを実行（じっこう）するには、まだ時（とき）が早（はや）すぎること。あせっている人（ひと）を落（お）ち着（つ）かせるときなどに使（つか）われる言葉（ことば）。「じきそうしょう」と言（い）いまちがえないようにする。

千載一遇（せんざいいちぐう）のチャンス!!

豆ちしき

「千載（せんざい）」は、千年（せんねん）のこと、「一遇（いちぐう）」は、一度出会（いちどであ）うことだよ。千年（せんねん）に一度（いちど）しかめぐってこないようなチャンスを表（あらわ）しているんだ。よいことが起（お）こるときに使（つか）う言葉（ことば）だよ。

前代未聞★

意味 今までに聞いたこともないようなめずらしいこと。また、たいへんなできごと。

使い方 今日はバス遠足なのに、いつまでたってもバスが学校に来ない。この「前代未聞」のできごとに、先生は大あわてだった。

参考 **前人未到**
今までにだれも成しとげていないこと。また、今までにだれも足をふみ入れていないこと。足をふみ入れたことがない意味のときは、「前人未踏」も使う。

前代未聞の大敗北…。

豆ちしき
めずらしいことや、大変なことのほかに、あまりよくないことに対しても用いる言葉だよ。だれかをしかるときに、こんなことは「前代未聞」だ、などのように使うよ。「ぜんだいみぶん」と読まないように気をつけよう。

千変万化★

意味 ものごとがさまざまに変化すること。状きょうが変わって、定まらないこと。

使い方 花火大会に行った。打ち上げられる花火は、手のこんだしかけがされていて、色や形がどんどん変わる。この「千変万化」する花火をゆっくりと楽しんだ。

参考 千○万○➡千客万来★
おおぜいのお客さんが、ひっきりなしにやって来ること。店がはんじょうしている様子を表す言葉。

豆ちしき 「千」や「万」は、数が多いことを表しているよ。それくらい変化するということだね。ほかにも「千」と「万」を使った四字熟語には、「千山万水★（たくさんの山や川）」、「千思万考★（あれこれ思いめぐらすこと）」などがあるよ。

千変万化する空の雲。

半死半生★

意味 ほとんど死にかかっていること。今にも死にそうな状態。

使い方 ハイキングコースでくまに出あい、「半死半生」の目にあった人がいるらしい。地元の人が、パトロールを始めるそうだ。

参考 **青息吐息**
苦しいときの様子を表す言葉。「青息」は、青ざめた顔からでるため息のこと、「吐息」もため息のこと。

参考 **半○半○** ➡ **半信半疑★** （⇩38ページ）

豆ちしき
「半死」は、半分死んでいること、「半生」は、半分生きていることだよ。生死の境にいるような状態のことだね。ひどい目にあうことを、「半死半生」の目にあう、と言うんだ。

半死半生の目にあった…。

一言居士★

意味 なにごとにも、自分の意見を言わないと気がすまない人のこと。「居士」は出家しないで仏教の修行をする人や、死んだ後につける戒名に用いる言葉。「こじ」という音を「こじつける」にしゃれて、用いている。「一言居士」の兄、などと使う。

才色兼備

意味 才能と外見の美しさを兼ね備えていること。「色」は顔かたちが美しいことを意味する。女の人に対して用いることが多いほめ言葉。「才色兼備」の花よめ、などと使う。

天真爛漫

意味 自然のままで、純真な心を持ち、むじゃきな様子。「天真」は、天からあたえられたままの、自然でかざりけのない様子。「爛漫」は、明らかに表れるという意味。「天真爛漫」な子ども、などと使う。

文武両道★

意味 学問と武道の二つの面のこと。最近では、勉強とスポーツの両方が優秀な場合にも用いられる言葉。「文武両道」の優等生、などと使う。

傍若無人

意味 そばに人がいないかのように、周りの人を無視して、勝手に遠りょなくふるまう様子。「傍」は、そばという意味。「傍らに人無きが若し」と文にして言い表すこともある。「傍若無人」な態度、などと使う。

意味深長★

意味 人の話、詩や文の表現に、とても深いおもむきがあること。また、表面にある意味のほかに、別の意味がふくまれていること。略して「意味深」とも言う。「意味深長」な言葉、などと使う。「意味深重」と書きまちがえないようにする。

空理空論★

意味 現実からかけはなれた、役に立たない話や考え。「空理」と「空論」はともに、実状を考えない、役に立たない議論や理論のこと。その考えは「空理空論」にすぎない、などと使う。

賛否両論★

意味 賛成と反対の両方の意見があること。賛成と反対に意見が対立して、意見が一つにまとまらないこと。発表の結果は「賛否両論」だった、などと使う。

事実無根★

意味 事実にもとづいていないこと。根も葉もないこと。「根」は根きょ、もとになる理由という意味。悪いうわさや、無実を否定するときに用いることが多い言葉。そのうわさは「事実無根」だ、などと使う。

参考 青天白日★ （⇩91ページ）

支離滅裂

意味 話や行動がばらばらでまとまりがなく、筋道が立っていない様子。「支離」は、離ればなれになること。「滅裂」は、きれぎれになること。「支離滅裂」な議論、などと使う。

反 理路整然★ （⇩78ページ）

因果応報★

意味 よい行いをすればよい結果が起こり、悪い行いをすれば悪い結果が起こること。

参考 **自業自得★**
自分で行ったことが原因となって、いやなことや悪い結果が必ず自分にふりかかってくること。「自業」を「じぎょう」と読まないように気をつける。

ふう
やっと宿題終わった。
アハハ

お兄ちゃん、宿題いつするの?
そんなの後回しでいいよ。
フフっ
休日は楽しむためにあるのだ。

デパートに行くけど、どうする?
ぼくも行くー。
行く行く。

宿題が終わってない人は、るす番よ。
ガ〜〜ン
おみやげは、まかせてね。
そんなあ。

自然を感じる、春夏秋冬

日本には四つの季節が順番にやって来て、それぞれにいろいろなよさがあるね。季節や時間の変化、自然の様子を表したり、景色や自然の美しさを表したりするのに使う四字熟語を集めてみたよ。

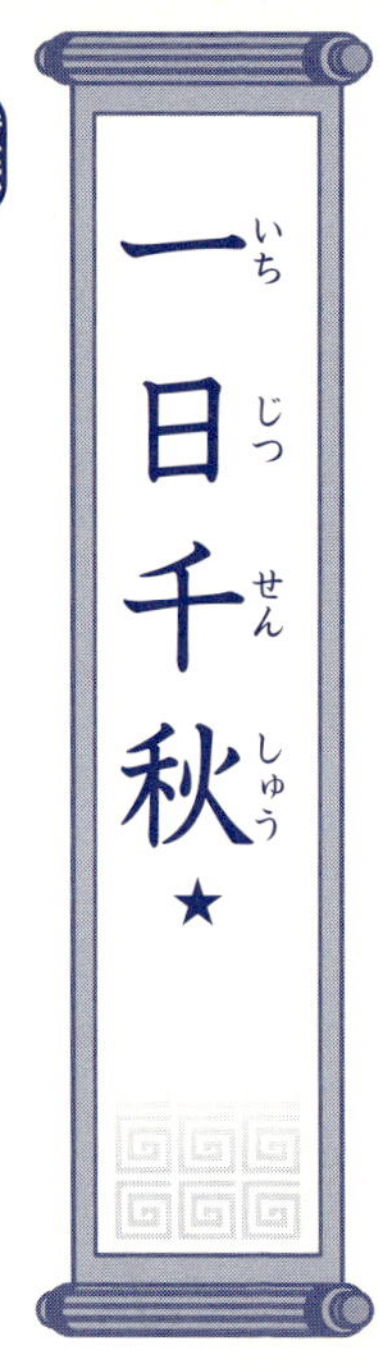

一日千秋★

意味

一日が千年もあるように長く感じるほど、とても待ち遠しく思うこと。

使い方

今年の夏休みに、家族でハワイ旅行をすることになった。ぼくは今まで外国へ行ったことがないし、飛行機に乗ったこともないから、すごく楽しみだ。夏休みが来るのを「一日千秋」の思いで待っている。

参考 **一刻千金★**

わずかな時間が、とても貴重に思えることのたとえ。「一刻」は、わずかな時間の意味。

豆ちしき

「いちにちせんしゅう」とも読むよ。「一日千秋」は、「一日三秋★」がもとになってできた言葉なんだ。「秋」は、一年の意味と言われているから、「千秋」は「千年」だね。ほかにも「一」と「千」を使った四字熟語には、「一字千金★（一字が千金もの価値がある、立派な文字や文章のこと）」や「一望千里★（⇩106ページ）」などがあるよ。

もしもし、
タロー？
クリスマスには、
日本に
帰れるんだ。
やったぁ！
アメリカから
帰って来るの？
あと少しで
会える!!
12月
21日
ワク
ワク

早く来い来い、クリスマス。

花鳥風月★

意味

花、鳥、風、月など、美しい自然の景色のこと。また、自然を題材にした詩などを作ること。

使い方

お父さんは、仕事に追われる毎日を送っている。でも、休みの日には公園に出かけ、四季おりおりの風景画をかいて、「花鳥風月」を楽しんでいる。

類

雪月風花★
冬の雪、秋の月、夏の風、春の花など、季節ごとの美しい自然の景色のこと。「風花雪月★」とも言う。

豆ちしき

四字熟語は、漢字とともに中国から日本に伝えられたものが多いけれど、「花鳥風月」は日本で生まれた言葉なんだ。日本には、季節の移り変わりがあって、地にさく花、空をまう鳥、そよぐ風、光る月など、美しい自然があるよね。この美しい自然にいつも接している日本だからこそできた四字熟語なんだね。

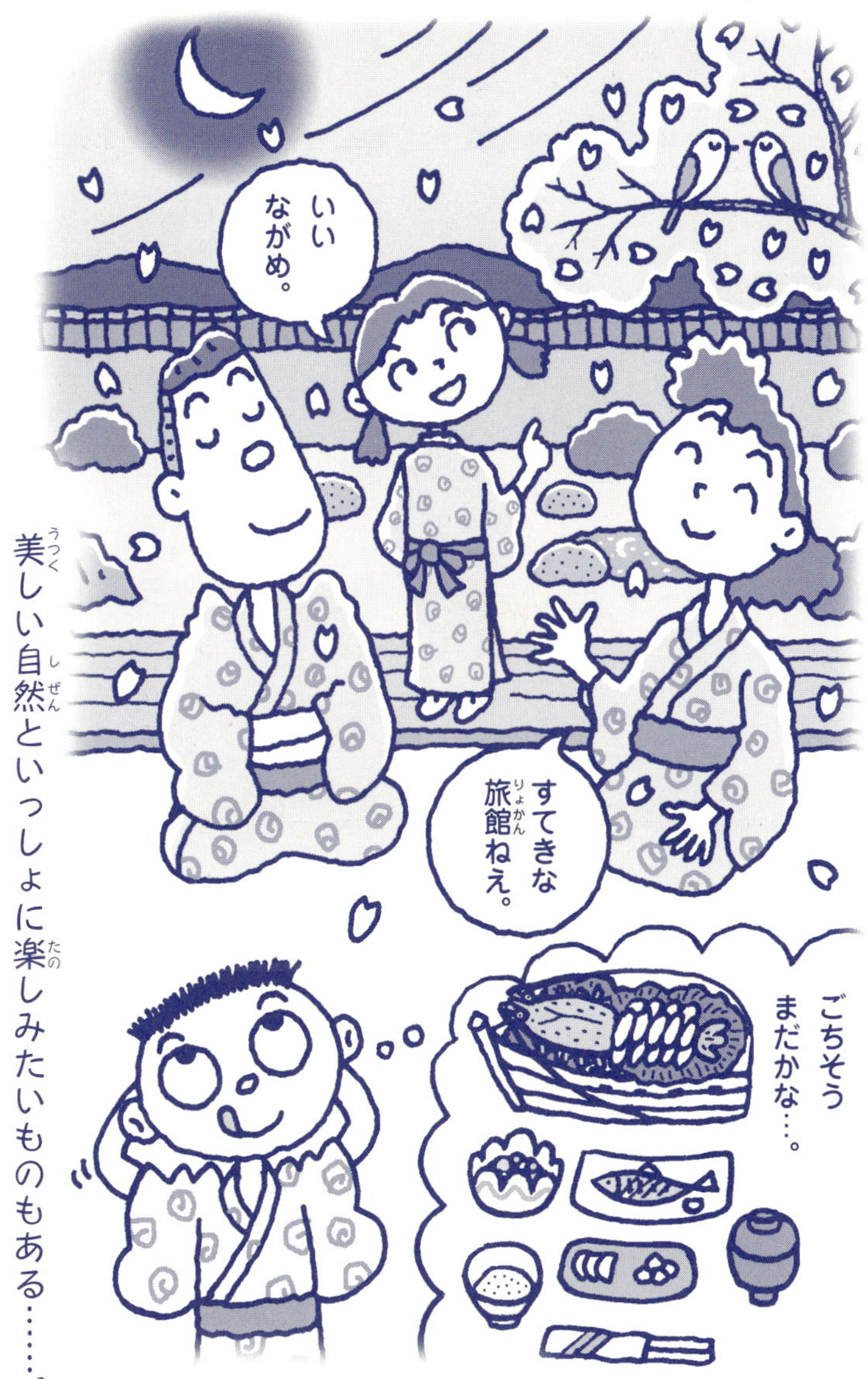
いい
ながめ。
すてきな
旅館ねえ。
ごちそう
まだかな…。

美しい自然といっしょに楽しみたいものもある……。

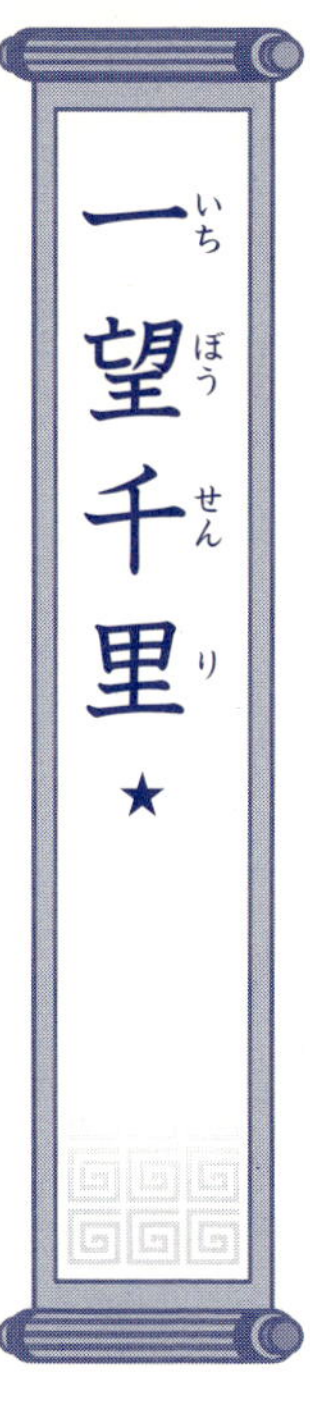

一望千里★

意味

一目で、はるか遠くまではっきりと見わたせること。また、広々として見晴らしがよい様子のこと。

使い方

家族で旅行した時、牧場に立ち寄った。雲ひとつない空、かがやく太陽のもとで、のんびりと歩く牛たちがいて、その向こうにはどこまでも続く草原が広がっていた。まさに、「一望千里」のながめだった。

類

眺望絶佳

景色がとてもすばらしいこと。「眺望」は景色を見わたすこと、「絶佳」はとても美しい様子のこと。

豆ちしき

「里」は昔のきょりの単位で、一里は約四キロメートルだよ。「千里」は、とても長いきょりの意味で使われているんだ。四字熟語では、「千」や「万」などが、とても大きい様子やとても多い様子を表すのに使われるね。

一望千里のすばらしい景色。

小春日和★

意味

十二月から十二月にかけての、暖かく、天気のよい気候のこと。

使い方

今日から十二月だというのに、「小春日和」で、とても気持ちがいい。寒いかもしれないと思って、上着を用意していたけれど、その必要はなかった。

参考 五風十雨★

世の中がおだやかであることのたとえ。五日ごとに風がふき、十日ごとに雨が降るような落ち着いた天候だと豊作になる、という意味からできた言葉。

豆ちしき

「小春」は、昔使われていたこよみの十月の別の言い方で、今の十一月から十二月のこと。気候が春に似ていることから、「小春」と言うんだ。冬の初めの気候の言葉なのに、「春」を使うので気をつけてね。

今日は暖かいのに…。

古今東西★

いつでもどこでも、という意味。昔から今まで、すべての所で、ということ。

使い方

家族で外国の映画を見ていたら、兄弟げんかをするシーンが何回か出てきた。「古今東西」どこの家でも、兄弟げんかは絶えないものなのね、とお母さんがつぶやいた。

参考 東奔西走

用事などのために、いそがしくあちこちを回ること。「東西」と「奔走」を組み合わせた言葉で、「奔走」は、あわただしく走って努力するという意味。

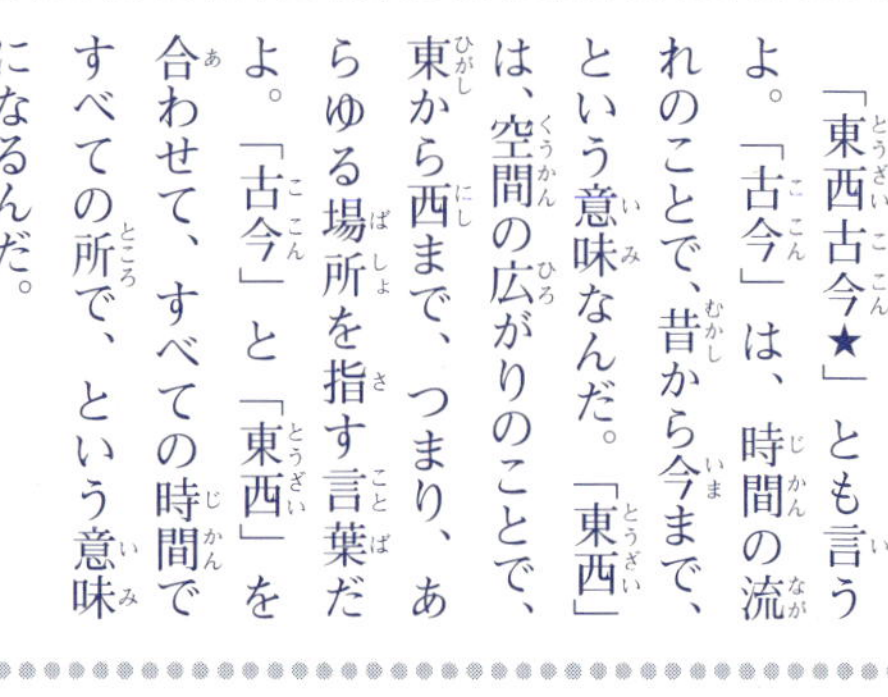

豆ちしき

「東西古今★」とも言うよ。「古今」は、時間の流れのことで、昔から今まで、という意味なんだ。「東西」は、空間の広がりのことで、東から西まで、つまり、あらゆる場所を指す言葉だよ。「古今」と「東西」を合わせて、すべての時間ですべての所で、という意味になるんだ。

テレビばっかり見てないで、勉強しなさいよ。
はーい。
新聞読んだら、きちんとかたづけておくれよ。
はーい。

いつの時代も、どこの国でも、母は強し……。

三寒四温★

意味

冬に寒い日が三日ほど続くと、暖かい日が四日ほど続くこと。また、そうして春が近づくこと。

使い方

冬の朝は、起きるのがつらい。特にここ三日ほどは寒さが厳しく、ふとんから出るのにひと苦労だった。でも、「三寒四温」と言うから、あしたからは少し暖かくなるだろう。

参考 一陽来復★

冬が過ぎて、春がやって来ること。また、悪いことが続いた後で、幸運に向かう様子。

豆ちしき

「三寒四温」は、日本でもみられるけれど、特に中国北部の地域や朝鮮半島でよくみられる気候のことなんだ。冬の終わりごろに「三寒四温」が何度も続いて、だんだんと暖かい春に近づいていくんだよ。だからこの言葉には、暖かい春を待ちわびて寒い冬を過ごすという意味もふくまれているんだ。

……春は少しずつやって来る。

春夏秋冬★

意味 一年にある四つの季節、春、夏、秋、冬をまとめて指す言葉。四季のこと。

使い方 日本には四季があり、「春夏秋冬」それぞれに楽しみ方がある。去年、わたしは、春は桜の木の下でお花見をし、夏は照りつける太陽のもとで泳ぎ、秋は紅葉を見て、冬は雪だるまを作って、それぞれの季節を楽しんだ。

参考 山川草木★
自然のこと。また、自然の景色のこと。自然にある「山」、「川」、「草」、「木」を並べてできた言葉。

豆ちしき
「春夏秋冬」は、おとずれる季節の順に並んでいるよ。地域で少しちがうけれど、四季は「春」で始まり、三月から五月、次は「夏」で六月から八月、その次は「秋」で九月から十一月、最後が「冬」で十二月から二月まで。そしてこのあとは、また「春」がやって来るよね。

春は いちごが 実るし、
秋は かきが 実るし、
おじいちゃんの畑は、最高だよ!!
食いしんぼうにはたまらない……。
夏は すいかが 実るし、
冬は りんごが 実るんじゃ。

意味

太陽の光の下で、連なる山々が紫色に見え、流れる川の水はすみきっていて、自然が美しいこと。

使い方

ぼくは夏休みに、初めて山でキャンプをした。山道を歩きながら、町中ではけっして見ることのできない「山紫水明」のながめに感動し、また山に来たいと思った。

参考 青山一髪

はるか遠くに山が青く見える様子。山と空が接する線が、一本の髪の毛のように見える様子。

豆ちしき

「水紫山明」とも言うよ。「紫」は、かすんだような落ち着いた感じを、「明」は、すき通っていてすみわたっている清らかな感じを表しているんだ。山と水（川）はもちろん、美しい自然の景色を指す言葉だよ。

白砂青松★

意味 海辺の景色が美しい様子。砂浜の白い砂と、海辺に生えている青々とした松林を表す言葉。

使い方 修学旅行で、海辺の展望台に登ったら、どこまでも続く白い浜辺と松林を見わたすことができた。まさに、「白砂青松」のすばらしいながめだった。

参考 風光明媚
自然のながめが清らかで、とても美しいこと。「風光明媚」なところだ、などと使う。

豆ちしき
「はくさせいしょう」とも読むよ。日本は、島国で海に囲まれているから、ぴったりの言葉だね。「松」は、風の強い海辺にも生えるんだよ。

森羅万象（しんらばんしょう）

意味

この世、つまり広大な宇宙の中にある、数限りないすべてのものや、できごとのこと。

使い方

人類はこれまで、「森羅万象」の多くのなぞを解明してきた。ぼくも、ガリレイやニュートン、アインシュタインみたいな大発見を目指して、がんばるんだ。

類

有象無象★

形があるものないものすべてのこと。また、数が多いだけで中身がなく、役に立たないもの。仏教の言葉「有相無相★（宇宙にある有形、無形すべてのもの）」からできた言葉。

豆ちしき

「森羅」は、木がどこまでもたくさん並んでいることで、限りなくものやできごとが連なっていることを表しているよ。「万象」は、形があるものすべてのことで、人が見て、聞いて、さわって感じることができるすべてのものや、できごとを表すんだ。「しんらまんぞう」「しんらばんぞう」とも読むよ。

ありとあらゆるものの息(いき)づかいを感(かん)じることもある……。

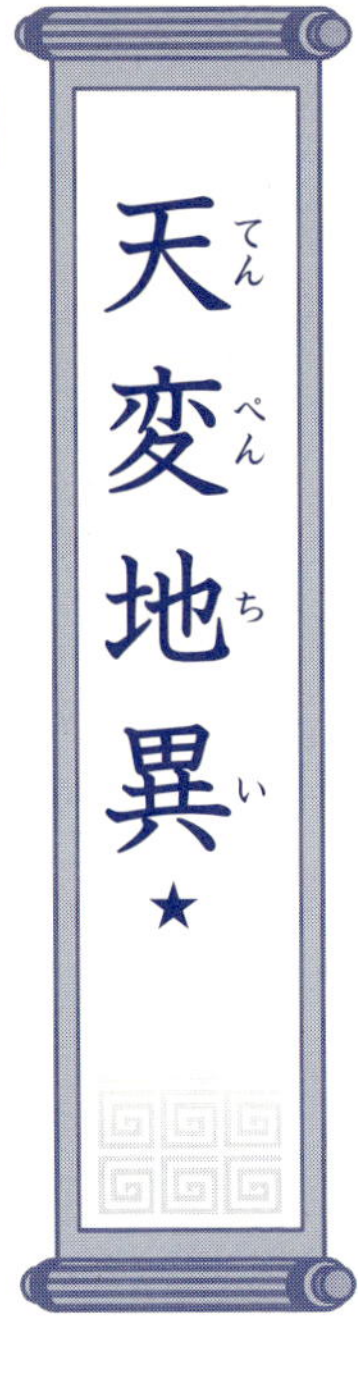

天変地異★

意味 大雨や暴風やかみなり、地しんや火山のふん火など、自然界の異変。

使い方 今年は、いつになく「天変地異」が続いているようだ。季節はずれの台風が、日本列島に何度も上陸して大雨をもたらし、各地でこう水や土砂くずれが起こった。また、地しんもよく起こっている。

参考 **平穏無事**
穏やかで、変わったことが起こらず、落ち着いている様子。「平穏無事」に暮らす、などと使う。

豆ちしき
「天変」は、天空で起こる変化を指し、大雨、暴風、かみなりなどの災害のほかに、日食、月食や、すい星の出現などもふくまれるよ。「地異」は、地上で起こる変化を指し、地しん、ふん火、津波、こう水などの災害があるよ。「転変地異」と書きまちがえないようにしよう。

ねえ。
国語も算数も百点取っちゃった!!
エッ?
スゴ〜イ
ホント?どうしちゃったんだよ…。
翌日
こんな時期に台風?
タローの百点は、この異常気象の前ぶれだったんだ。
失礼だなあっもうっ!!

意外なできごとには前ぶれがある…?

故事とは?

昔から伝わっているものごとのいわれのこと。多くは、中国で生まれたものを指すよ。この本の中には、故事からできた四字熟語がたくさんあるけれど、ここでは、漢字が難しくても、故事の内容を知ると、意味がよりわかりやすくなるものを、しょうかいするよ。

画竜点睛

意味 ものごとを完成させるための、最後の大切な部分。わずかに手を加えることで、全体が引き立つことのたとえ。「がりゅうてんせい」とも読む。「画竜点晴」と書きまちがえないようにする。

解説 昔の中国の画家、張僧繇が、寺のかべに見事な竜をかいた。ところが、竜にはかんじんの睛が入っていない。睛をかき入れると飛び去ってしまうというのが理由だった。しかし、それを信じない人々が、無理に睛をかき入れさせると、本当に絵の竜が天に飛んでいった、という話からできた言葉だよ。

呉越同舟

意味 仲の悪い者どうしが、同じ場所や立場でいっしょに行動すること。また、敵どうしでも、共通の災難にあい、利害が一致するときには力を合わせて助け合うこと。

解説 昔の中国では、呉と越の二つの国が戦争をくり返し、おたがいの仲の悪さは有名だった。しかし、そんな呉と越の人でも、一つの船に乗って、暴風で船が転ぷくしそうになったら、日ごろのわだかまりを忘れて、おたがいに協力し合うだろう、という話からできた言葉だよ。

四面楚歌

意味 周りには敵ばかりで、全く助けがなく孤立していること。「四面楚歌」の状態、などと使う。

解説 昔の中国では、楚と漢の二つの国が天下を争っていた。あるとき、楚は漢の軍に城の周りをとり囲まれてしまった。夜になると、四方をとり囲んでいる漢の軍隊の中から、楚の国の歌が聞こえてきた。さては、漢にねがえった者がいる、とかんちがいした楚の武将、項羽は、すっかり気落ちしてしまい、戦いに敗れた、という話。このときの、項羽の孤立した様子をもとにしてできた言葉なんだね。

朝三暮四★

意味 目先のちがいにとらわれて、結果が同じであることに気づかないこと。ものごとの本質に気づかないこと。また、言葉たくみに、口先で人をだますこと。「朝三暮四」を見ぬく、などと使う。

解説 昔の中国の狙公という人は、多くのさるを飼っていた。あるとき、えさを減らそうとして、さるたちに、「これからは、どんぐりを朝に三つ、夜に四つにする。」と言った。するとさるたちがおこったので、「朝に四つ、夜に三つにする。」と言うと、さるたちは喜んだ、という話からできた言葉だよ。

孟母三遷

意味 子どもは周囲の影きょうを受けやすいので、教育のためには環境を整えてあげるのが大切だ、ということ。「孟母三遷」にならう、などと使う。「孟母三遷の教え」とも言う。

解説 昔の中国の学者、孟子の母が、わが子の教育への悪影きょうをさけるために、墓地の近く、市場の近く、学校の近く、と家を三回移した、という話からできた言葉だよ。「遷」は、移るという意味だね。

夏炉冬扇

意味 時期から外れた無用なものごとや人のこと。また、現実には役に立たない才能や芸のこと。

お兄ちゃん、うきわ知らない?
知らない。
そこにないの?
おかしいなあ。
あっ、ミカのうきわ。
こんなところに…。
ミカ、うきわ発見!!
もう、十一月だよ。
ありがとう!!

豆ちしき

「炉」は、いろりのことで、冬の寒いときに体を温めるのに使うもの。「扇」は、おうぎのことで、夏の暑いときにあおいで使うものだよ。

あしたから、

努力なしで、夢はかなわないよ。日々の積み重ねが必要なんだ。がんばっていたのに、思わぬ失敗をしてしまったときや、つらくてくじけそうなときに思い出してほしい四字熟語を集めてみたよ。

一朝一夕★

意味

わずかな期間のこと。ひと朝やひと晩くらいの短い時間のこと。

使い方

お姉ちゃんは、とても礼儀正しい。近所の人には必ず笑顔であいさつをし、目上の人にはきちんと敬語を使っている。これは「一朝一夕」に身につくものではない。

参考 一〇一〇➡一世一代★

一生のうちにたった一度しかないこと。二度とないような大事なことを言う。「一世一代」の晴れ姿、「一世一代」の大仕事、などと使う。

豆ちしき

昨日や今日からものごとを始めても、すぐには達成できない、長い時間がかかる、ということだね。「一朝一夕」には〜できない、という言い方で使うことが多いんだ。「いっちょういちゆう」と読まないように気をつけよう。

テニスの相手が見つからないの。
あ、ぼくなんかどう？
ぼくはスポーツ万能だから、平気、平気。
お兄ちゃん、テニスなんてしたことないじゃない。
エイッ
あれれ、また空ぶりだ。

初めから上手にできるとは限らない……。

温故知新★

意味 昔のことを調べたり、以前に学んだことを復習したりして、新たな考え方や知識を得ること。

使い方 百年前に建てられた町中の古い家を見学した。せまくても、風通しをよくして過ごしやすいように工夫されている。そこには、勉強のために建築家もたくさん見学に来るそうだから、まさに「温故知新」だ。

参考 **時代錯誤**
時代おくれなこと。考えや行動が、時代の流れに逆らっていて、合わないこと。悪い意味で使われることが多い。

豆ちしき
昔の中国の本『論語』にある言葉。『論語』の教えは、現代の中国や日本などに受けつがれているんだ。「温故」は、昔のことをたずね求めるということだよ。「故きを温ねて新しきを知る」と、文にして言い表すこともあるんだ。「温古知新」（×）と書きまちがえないようにしよう。

お、ミカ。何を読んでるんだ？
四字熟語の本よ。昔から使われていて、たったひとことでいろんなことを表すの。
意外とおもしろいよ。
うん、おもしろいな。
フムフム
ためになるな。
もう返してよぉ～。お父さ～ん。

古いものから、学びたくてたまらないときもある……。

一生懸命

意味

命がけで真けんに、ものごとに取り組んだり、打ちこんだりすること。また、努力すること。

使い方

わたしは柔道を習っている。目標は、オリンピックに出場して金メダルを取ること。だから、毎日休まず道場に通い、「一生懸命」に練習をしている。

類 **全身全霊**

その人に備わっている体力と精神力すべてを言う。「霊」は、精神のこと。「全身全霊」をかたむけて努力する、などと使う。「全心全力★」とも言う。

豆ちしき

「一生懸命」は、「一所懸命」からできた言葉で、どちらも同じ意味なんだ。「一所」は領地のこと、「懸命」は命がけということ。鎌倉時代の武士が主人からあたえられた領地を命がけで守り、その領地を「一所懸命」の地と呼んだのが始まりだよ。

一心不乱★

意味
何か一つのことに、わきめもふらずに心を集中させ、ほかのことに注意をそらさないこと。

使い方
高校三年生のお兄ちゃんは、来年、大学受験だ。一、二年生のころは、サッカーばかりしていたけれど、三年生になったとたん、「一心不乱」に勉強している。

類 **精神一到**
心をある一つのことに集中すれば、難しいことでもできるものだ、という意味。

類 **無我夢中★／一意専心★** （⇩92ページ）

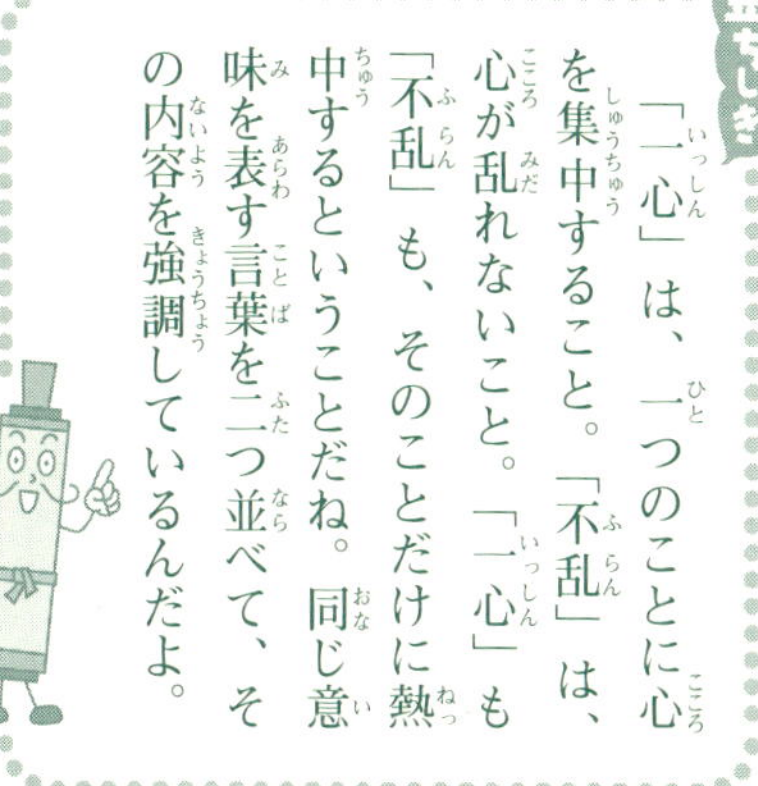

豆ちしき
「一心」は、一つのことに心を集中すること。「不乱」は、心が乱れないこと。「一心」も「不乱」も、そのことだけに熱中するということだね。同じ意味を表す言葉を二つ並べて、その内容を強調しているんだよ。

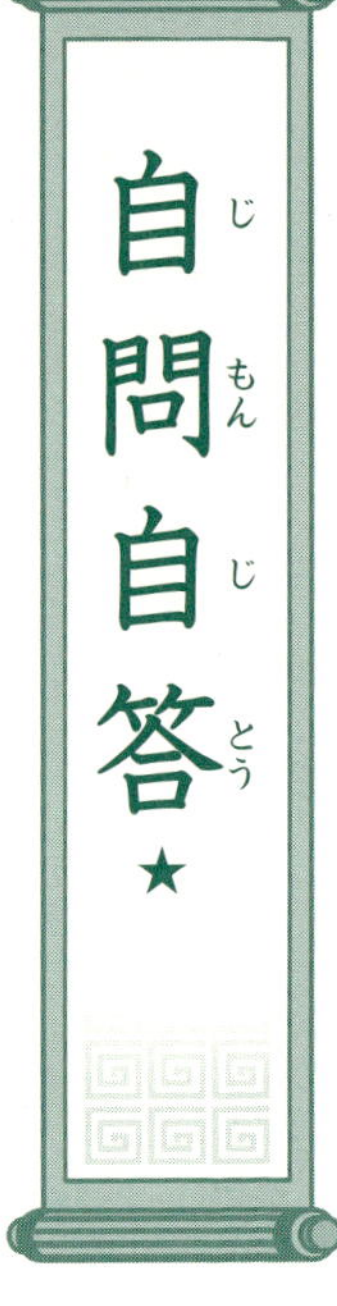

自問自答★

意味 何かを決めたり考えたりするために、自分に問いかけて、自分で答えること。

使い方 夏休み最後の日、友だちからつりにさそわれた。宿題をするか、つりに行くか、と「自問自答」しているうちに、必死で宿題を終わらせた去年のことを思い出し、宿題をすることにした……。

参考 **一問一答★**
一つの質問に対して一つ答えることを順番にくり返す方法。「質疑応答★」(⇩26ページ)や問題集で使われる形式。

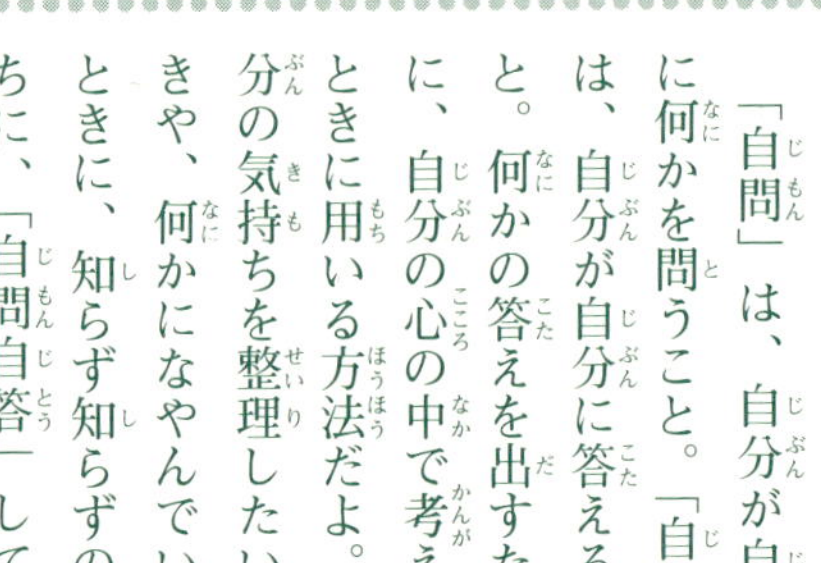

豆ちしき
「自問」は、自分が自分に何かを問うこと。「自答」は、自分が自分に答えること。何かの答えを出すために、自分の心の中で考えるときに用いる方法だよ。自分の気持ちを整理したいときや、何かになやんでいるときに、知らず知らずのうちに、「自問自答」していることがあるよね。

ぼくって
サッカーと野球、
どっちに
向いているのかなあ。
サッカーは、
パスは得意だけど、
シュートは失敗ばっかり
だしなあ。
野球は、
投げるのは得意だけど、
打つのは下手だしなあ。
いったい
サッカーと野球、
どっちが
マシかなあ。

……問題がなかなか解決しないこともある。

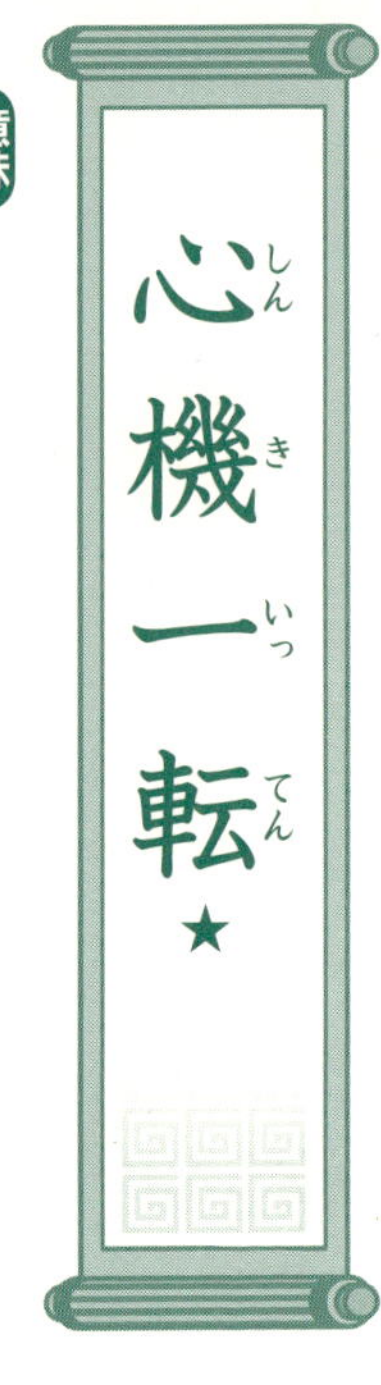

心機一転★

意味

何かをきっかけに、気持ちがすっかりよいほうに変わること。また、心をよいほうへ入れかえること。

使い方

わたしは水泳が苦手で、絶対に二十五メートルも泳げない、とあきらめていた。でも、今日は友だちみんなが、息つぎのコツをていねいに教えてくれた。すごくうれしかったので、「心機一転」がんばろうと思った。

参考 一念発起★

それまでの考えを改めて、何かを成しとげようと決心すること。もとは仏教の言葉。

豆ちしき

「心機」は、心の動きや働き、心の持ち方のこと。「一転」は、がらりと変わること。合わせて、これまでうまくいかなかったことや考えなどを思いきって捨てて、これまでとちがうことをしたり、考え方を変えたりする意味になるんだ。「心気一転」と書きまちがえないようにしよう。

タロー君、君は、計算ミスさえなくせば、算数の成績はすごくよくなるぞ。
え、ホント?
がんばるぞ!!
?
算数

ちょっとのはげましで、元気がわいてくることがある……。

起死回生★

意味
見こみのない絶望的な状態にあるものごとを、一気によい方向に立て直し、勢いを盛り返すこと。

使い方
柔道の試合をした。とちゅうまではポイントで負けていたけれど、最後に「起死回生」の背負い投げで、相手を投げ飛ばし、逆転して勝った。

参考 名誉挽回
失敗して一度なくしてしまった信用やよい評判を、もう一度取りもどすこと。「挽回」は、取りもどすこと。

起死回生のホームラン。

豆ちしき
「回生起死★」とも言うよ。「起死」は、死にかかっている人をもう一度、生き返らせること。「回生」は、死にかけていた状態から生き返ること。「回生」は、もとはすぐれた医術のことを表す言葉なんだ。

孤軍奮闘

意味

支えんする人がいない中で、一人で懸命に努力すること。

使い方

サッカーの試合をした。ぼくたちのチームは初心者が多いけれど、地元のサッカークラブに入っていたことのあるキャプテンの「孤軍奮闘」のおかげで、一回戦を突破した。

参考 **切磋琢磨**

学問や技を磨くこと。だれかといっしょにおたがいをはげましあって努力するときに使うことが多い。

ドッジボールで最後の一人。

豆ちしき

「孤軍」は、味方から孤立した少人数の軍隊のこと。「奮闘」は、力の限り敵と戦うことだよ。味方がなく、孤立した少数の兵士たちが、敵と必死に戦うことからできた言葉なんだ。

晴耕雨読★

意味

晴れた日は田畑を耕し、雨の日は読書をすること。
また、世の中と関係のないおだやかな生活。

使い方

おじいちゃんが、今年の春、会社を退職した。晴れた日は庭の手入れをして、雨の日は家の中で絵をかいたりして、「晴耕雨読」の生活を楽しんでいるそうだ。

類 **悠悠自適**

のんびりと、好きなように時間を過ごすこと。ゆったりと暮らすこと。「悠悠自適」の毎日を送る、などと使う。

豆ちしき

「晴耕雨読」は、わずらわしい世間からはなれて、心のおもむくままにゆったりと生活することだよ。でも、朝いつまでもねていたり、一日じゅうずっとテレビを見ていたりするような、だらだらとなまけて何もしないことではないんだ。晴れの日は外に出て体を動かし、雨の日は家の中で頭を使う、健康的な生活のことを言うんだね。

本読むの、あきたよ。
ニャ〜
毎日、雨ばっかり…。
しかたないわよ。つゆなんだから…。
ニャ〜

いつもゆったりとした気持ちではいられないかも……。

創意工夫★

意味 今までだれも思いつかなかった新しいことを考え出し、実現のためにいろいろな方法を考えること。

使い方 夏休みの図工の宿題を、みんなで見せ合った。わたしたちの作品を見て、先生は、どれも「創意工夫」のあとが見られるよい作品ばかりですね、とほめてくれた。

参考 奇想天外
ふつうの人では思いつかないほど、変わっている考えや、その様子を言う。「奇想」は奇ばつな考え、「天外」ははるかかなたの空、思いもよらないところという意味。

豆ちしき
「創意」は、新しく考えたことや、新しく思いついたこと、「工夫」は、よい方法や手段をいろいろと考え出すことだよ。「創」という字は、今までだれも考えなかったものをつくるという意味の「独創」、新しく会社をつくるという意味の「創業」などに使われるように、新しくつくるという意味があるんだ。

どうしたの？
このカップ使ってないけど、捨てるのはもったいないし…
どうしようかしら。
底に穴をあけて、植木ばちにしたの。
どう？
いいアイディアね。
……捨てる前に、ひと工夫。

試行錯誤

意味

何回も試しては失敗することをくり返し、適切な方法や解決策を見つけること。

使い方

一度でいいから、野球でホームランを打ってみたいと思った。そこで、バットの持ち方や、立つ位置を研究して「試行錯誤」を重ねた結果、ついにホームランを打つことができた。

参考 **暗中模索**

見通しの立たない状態で、いろいろ試してみること。「暗中」は、何も見えない暗やみのこと。

豆ちしき

もとは、英語の「トライアル アンド エラー」を訳してできた言葉と言われているよ。「トライアル」は「試行」で、試すこと、「エラー」は「錯誤」で、誤り、失敗のことだよ。

試行錯誤の末、格別の味に。

取捨選択

意味

たくさんあるものの中から、不必要なものや悪いものを捨て、必要なものやよいものを選ぶこと。

使い方

わたしがよく行く図書館では、一人十冊まで本を借りられる。物語や図かんなど、読みたい本がたくさんありすぎて、いつも「取捨選択」に困ってしまう。

参考 二者択一

二つのうち、どちらか一方を選ぶこと。「択一」は、いくつかあるものごとの中から一つを選び取ること。

選ぶのは、肉ばかり…？

豆ちしき

「選択」の「選」も「択」も、選ぶ、より分ける、という意味なんだ。「取捨選択」になやむ、「取捨選択」に迷う、「取捨選択」をせまられる、などのように使われるよ。

意味

いろいろなものごと、特に技術が、とどまることなく急速に進歩すること。

使い方

スペースシャトルの活やくや、宇宙ステーションの建設など、宇宙開発の技術は「日進月歩」だ。近い将来、宇宙旅行に行けるようになるかもしれない。

反 **十年一日★**

長い年月、進歩や成長などがなく、そのままであること。変わらないことがよいときにも悪いときにも使う言葉。

反 **一進一退★**（⇩74ページ）

豆ちしき

「日」ごと、「月」ごとに進歩する、という意味を表しているんだよ。人の能力や科学技術について使われることが多い言葉なんだ。身近なものでは、けいたい電話やパソコン、ゲーム機などがあげられるよ。「日新月歩」と書きまちがえないようにしよう。

ゲーム売場
ねえ、ちょっと寄っていい？
え？この間、買ったばかりじゃない。
いらっしゃいませ。
こちら最新機種です。
あれですか？さわってみていいですか？
ワクワク

急速な進歩を、気にせずにはいられない……。

油断大敵★

意味
少しでも注意をおこたると、思わぬ失敗につながるから、気をつけるほうがいいということ。

使い方
お母さんは、料理が得意なのに、今夜のハンバーグは少しこげていた。「油断大敵」、少し焼きすぎちゃったわ、とひとりごとを言っていた……。

参考 千慮一失／千慮一得
「千慮一失」は、かしこい人でも、少しはまちがいや失敗もあるということ。「千慮一得」は、おろかな人でも、多くの中の一つくらいはよい考えがあるということ。

豆ちしき
「油断」は、気をゆるめること。自分の心の中のちょっとした気のゆるみこそ、大きな敵だ、という意味だね。「油断」という言葉の由来には、いろいろな説があるよ。修行中のお坊さんが油をこぼして、不注意だと言われたことや、燃料の油が断たれると、ともした明かりが消えてしまう、ということなどだよ。

試合を申しこまれたよ。
年下なんて、楽勝さ!!
やろうよ。
あっ しまった とられた!!
止めろー。
ゴール されちゃうぞ!!

気をゆるめて、大失敗……。

初志貫徹

意味
初めに心に決めたことを変えないで、最後までやりぬくこと。

使い方
図書館で本を借りた。おもしろそうだけど、すごくぶ厚い本だ。とちゅうで何度か断念しそうになったけれど、「初志貫徹」、ついに読み終えた。

参考 **大願成就★**
大きな望みがかなうこと。「成就」は、成しとげるという意味。努力のかいあって「大願成就」する、などと使う。初もうでで絵馬によく書かれる言葉。

目標に向かってがんばれ!!

豆ちしき
こうと決めたら最後までやり通すことだね。とちゅうでうまくいかないことがあっても、くじけずにがんばって、目標を達成するときに使うことが多いんだ。

先手必勝★

意味 勝負ごとでは、相手より先にせめたほうが、有利になるということ。

使い方 剣道の試合のとき、わたしは、精神を集中して常に「先手必勝」をねらう。先にせめれば、相手は用心深くなる。そのすきに、自分がやりやすいように試合の流れをつくる作戦だ。

参考 **難攻不落**
攻め落とされることのない強いもののたとえ。熱心にたのんでも承知してくれない人に対しても使う。

「先手」は、もとは囲碁や将棋の言葉で、相手よりも先に着手すること。「着手」はとりかかることだよ。また、先手の後に打つことを「後手」と言うよ。囲碁や将棋では、「先手」のほうが有利と言われているんだ。

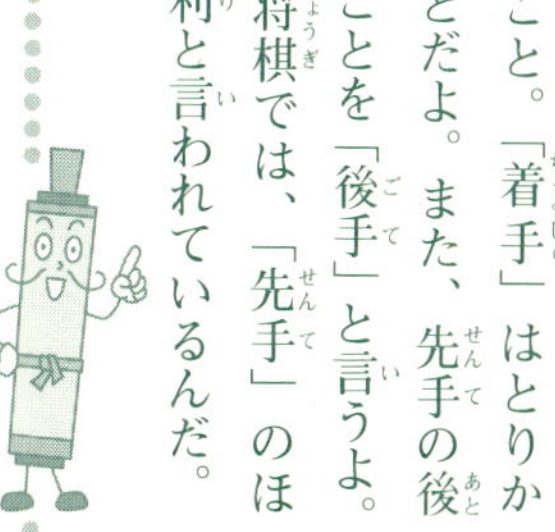

すばやくこうげき、先手必勝。

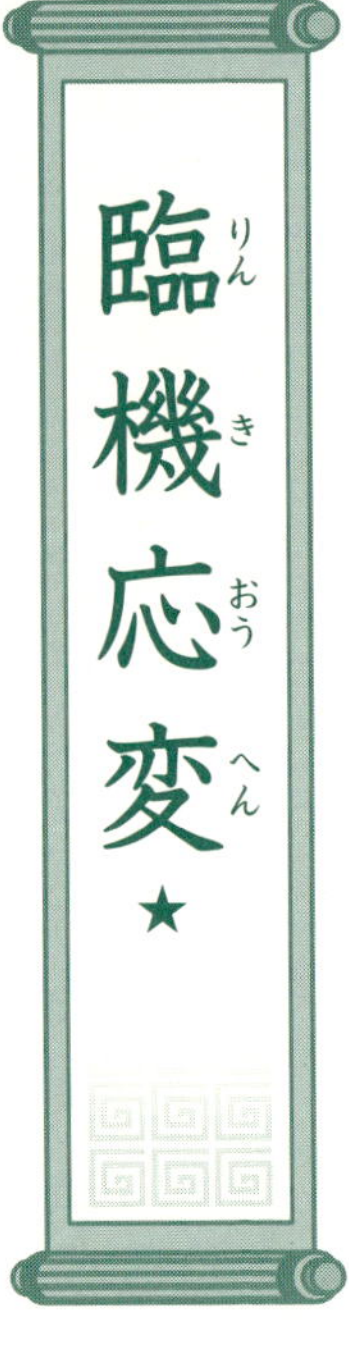

臨機応変★

意味 その時その場の状きょうに応じて、最もふさわしい行動や手段をとること。

使い方 今日は家族で映画を見に行くはずだった。でも、外はとてもいい天気だったので、「臨機応変」に予定を変こうして、山にハイキングに行くことにした。

反 杓子定規
ゆうずうがきかず、なんでもひとつの基準にあてはめる行動や考え。汁物をすくう、曲がった形の「杓子」を、無理に「定規」として使うことからできた言葉。

豆ちしき
「臨機」は、状きょうやできごとに向かい合うこと。「応変」は、変化に応じて適切に処置すること。ものごとがより合わせて、よい方向に進むように、その場に応じて適切にふるまう、ということになるんだ。相手によって調子よく態度を変える、というような悪い意味で使うことはないよ。

その場に応じて、予定は変わる……。

電光石火★

意味
動作やふるまい、行動がとてもすばやいこと。また、きわめて短い時間のこと。

使い方
テレビを見ようとしたら、先に宿題をすませなさい、と言われた。「電光石火」の早わざで宿題をすませたら、家族みんながおどろいた。

参考 **一気呵成**
ひと息に、文章を書き上げること。また、ものごとを中断せずに、いっぺんに仕上げてしまうことを言う。「呵」は、息をはきかけること。

あっという間に晩ごはん。

豆ちしき
「石火」は、昔、火をおこすために使った火打ち石を、打ち合わせたときに出る火花のことだよ。「電光」は、いなずまの光のこと。どちらも光が見えるのは、ほんのいっしゅんなんだ。それくらい短い時間を表した言葉だよ。

用意周到

意味 心づかいやものごとの準備が、すみずみまでよく行き届いていて、整っていること。

使い方 さっきまで晴れていたのに、急に雨が降ってきた。クラスでただ一人、林さんだけが折りたたみがさをかばんに入れて持っていた。それを知って、「用意周到」だね、とみんなが感心した。

参考 **無為無策**
これから起こることや、起こったことに対して、なんの対策も立てないでいること。

「もしも」のときに備えよう。

豆ちしき
「用意」は、心づかいや注意、準備のことだよ。「周到」は、よく行き届いていることや、手ぬかりのないこと。まさかと思うようなことにもうろたえないように、きちんと準備をしている様子を言うんだ。

自給自足★

意味　自分が必要とするものを、他人にたよらず、自分で作って、足りるようにすること。「自給」は必要なものを自分で作ること、「自足」は必要なものを自分で間に合わせること。「自給自足」の生活を送る、などと使う。

自暴自棄

意味　ものごとが思うようにいかずに希望を失って、自分など、どうなってもかまわないと開き直り、投げやりな気持ちになること。また、将来のことなど考えずに、自分で自分を見捨ててだめにしてしまう様子。「自暴自棄」になる、などと使う。

私利私欲★

意味　自分の利益だけを追求することや、自分のわがままな欲求を満たすことだけを考えること。「私利私欲」に走る、などと使う。類 我田引水★（⇩42ページ）、反 公平無私★（⇩18ページ）

多事多難★

意味　次々と事件が起こり、多くの困難や災難にあうこと。よくないことが立て続けに起こること。「多事多難」の一年だった、などと使う。「他事多難」と書きまちがえないようにする。反 平穏無事（⇩118ページ）

不老不死★

意味　いつまでも年をとらないで、死なずに生き続けること。中国の昔の皇帝、始皇帝は、いつまでも生き続けるための薬を探し求めて、大金を使ったと言い伝えられている。「不老不死」を求める、などと使う。

威風堂堂

意味 周りの人とは比べものにならないほど威厳があり、立派な様子。「威風堂堂」とした態度、などと使う。この言葉は、イギリスの作曲家、エルガーの行進曲の名前にも使われている。

興味津津

意味 とても関心がある様子。興味がどんどんわきあがってくる様子。「津津」は、水がたくさんあふれ出る様子。「興味津津」な話だ、などと使う。「興味深深」と書きまちがえないようにする。

野心満満★

意味 大きな望みを実現しようとして、やる気にあふれている様子。「野心」は、ひそかに持っている大きな望み。「満満」は、満ちあふれている様子。思い上がった様子が感じられるときに、使われることが多い。「自信満満★」は、自信に満ちあふれている様子。

勇気凜凜

意味 失敗や危険をおそれずに、勇かんにものごとに立ち向かっていく様子。「凜凜」は、勇ましく、気力が盛んなこと。「勇気凜凜」としている、などと使う。

余裕綽綽

意味 落ち着いていて、あせらずにゆとりのある様子。「綽綽」は、ゆったりしていて小さなことを気にしないこと。「余裕綽綽」としている、などと使う。

類 泰然自若 (⇩76ページ)

和気藹藹

意味 人々の心と心が通じ合い、みんなが和やかな様子。「和気」は和やかな気分、「藹藹」は和やかな様子。集会などの和やかな様子を言い表すときに用いる。「和気藹藹」とした雰囲気、などと使う。

三三五五★

意味 こちらに三人、あちらに五人というように、人が少しずつかたまって道を行く様子。また、人や家などがあちこちに、点々と散らばっている様子。「三三五五」集まって来た、などと使う。

時時刻刻★

意味 時間がとどまることなく流れていく様子。また、ものごとが絶え間なく起こる様子。しめきりの時間が「時時刻刻」とせまっている、空の色が「時時刻刻」と変化する、などと使う。「じじこっこく」とも読む。また、「時時剋剋」とも書く。

正正堂堂★

意味 ひきょうな手段や態度をとったりせず、行いが正しく立派なこと。軍隊が規律正しく整い、軍の勢いが盛んな様子からできた言葉。「正正堂堂」と戦う、などと使う。類 公明正大★ (⇩18ページ)

戦戦恐恐

意味 何かに恐れおののき、びくびくしている様子。「戦」は恐れてふるえること、「恐」は恐れてきんちょうすること。「戦戦恐恐」の毎日を送る、などと使う。「戦戦兢兢」とも書く。

津津浦浦

意味 日本全国のいたるところ、という意味。「津」は港のこと、「浦」は海辺のことで、合わせて、あらゆる港や海辺という意味。日本は周りを海に囲まれているので、この言葉で国じゅうのいたるところを意味している。「つづうらうら」とも読む。

参考 古今東西★ (⇩108ページ)

明明白白★

意味 全く疑う余地がないくらい、はっきりしている様子。「明白」のそれぞれの文字を二回重ねることで、意味を強調している。「明明白白」の事実、などと使う。

不眠不休

意味 眠ったり休んだりせずに、ものごとを行うこと。また、一生懸命にものごとを行うこと。

12月24日
年賀状、出してくるね。
え？もう書き終わったの？
12月25日
う～ん
と
と
だれに出そうかなあ。
12月30日
何にしよう？
う～～ん
何か絵をかこう。
12月31日
年が明けるわよっ
あけましておめでとう。今年もよろしく。

参考 一生懸命（⇩128ページ）

参考 粉骨砕身

力の限り努力する様子。骨を粉にし、身を砕くほど働くということ。「粉骨砕身」努力します、などと使う。

さくいん

どりむ社

一般書籍や教育図書、絵本などの企画・編集・出版を行う。「作文技術指導研究会」として、塾向け教材『「ザ★作文」教室』『「ザ★読書」教室』『国語王』の制作や添削指導、作文力・文章力を評価する検定『作・文・検』を年2回実施。2004年秋より、小学生向け作文通信教育講座『ブンブンどりむ』を開講。国語力の育成を目的とした添削指導付の自学自習教材で、監修は明治大学教授・齋藤孝。

PHP研究所では、「1日10分ドリル」シリーズや、『小学生のことわざ絵事典』『小学生の同音・同訓使い分け絵事典』『小学生の慣用句絵事典』『小学生の「都道府県」学習事典』『小学生の脳トレ「点つなぎ」』などの単行本も制作。

〒530-0045　大阪市北区天神西町8-17　☎06-6313-8001（代表）
URL　http://www.dorimu-web.com
作文技術指導研究会についてのお問い合わせは、☎06-6313-8008
『ブンブンどりむ』についてのお問い合わせは、　0120-863-392

表紙・本文イラスト…カワキタ・カズヒロ
装　　幀……………小山比奈子

教科書によく出る！
小学生の四字熟語絵事典

2005年4月19日　第1版第1刷発行
2016年3月23日　第1版第26刷発行

編　者　どりむ社 編集部
発行者　安藤 卓
発行所　株式会社ＰＨＰ研究所
京都本部　〒601-8411　京都市南区西九条北ノ内町11
［内容のお問い合わせは］教育出版部　☎075-681-8732
［購入のお問い合わせは］普及グループ　☎075-681-8818
印刷所　図書印刷株式会社

ISBN4-569-64057-5